中学校英語科

到達目標に向けての指導と評価

本多敏幸 著

教育出版

まえがき

平成14年度は中学校の教師にとって激動の年でした。新学習指導要領の施行，週5日制の導入，「総合的な学習の時間」の全面実施。これだけでもかなりの変化でしたが，これに絶対評価の導入が加わりました。現場は混乱しました。その原因は次の4つであると私は感じました。

(1) 絶対評価（目標準拠の評価）についての基本的な知識がない。
(2) 国立教育政策研究所が作成した「評価規準の作成，評価方法の工夫改善のための参考資料（中学校）── 評価規準，評価方法等の研究開発（報告）──（以下,『報告書』)」の報告が平成14年度の始まる直前であったために，新年度に向けての十分な準備ができなかった。
(3) 週5日制が始まり，教科時数が減った状況で，現場に合った具体的な評価の方法や総括の仕方などが十分に開発されていなかった。
(4) 教育委員会や人により，捉え方が少しずつ異なる。

さて，英語科においてはどうだったでしょうか。絶対評価の導入に伴い，「授業にコミュニケーション活動を取り入れるようになった」「ペーパーテストの問題が変わった」などの声が少しずつ聞こえてはきますが，「これまで行ってきた活動ができない」「評価材料が集まらない」という悲痛な叫びも聞こえてきています。理由は授業数が週3時間に減ったからです。週5日制の導入とからんで，年間授業時数は80時間～90時間程度です。たとえば，「話すこと」の評価を行うためには，その指導が必要です。指導したことについて評価するのが原則だからです。週1時間減ったことにより，教科書の文法事項の指導に追われ，話す言語活動が十分に行われていない現状があります。

また，国立教育政策研究所の『報告書』で単元の評価方法例が示されたことにより，単元の言語材料に焦点が置かれすぎていると感じています。たとえば，評価規準に「現在完了形を使って，今まで経験したことを文法にしたがって正しく話すことができる」のように，言語材料と関連させたものが多く見られます。単元ごとで考えればこれも大切ですが，もっと長いスパンで考えることも必要であると感じます。たとえば，「身近な話題について1分間，会話を継続できる」という目標を立てた場合，この目標は単元の中で達成させられるものではありません。そのための指導を一定の期間をかけて行い，評価を行います。こうした目標の場合，言語材料は特定のものではなく，これまで習ったことすべてとなるはずです。

本書は，第I部が「絶対評価における指導計画と評価方法」，第II部が「授業作りの基礎知識と学期ごとの実践例」という2部構成となっています。第I部では，単元ごとの言語材料にとらわれないコミュニケーション活動を中心に置いた年間指導計画の立て方，絶対評価に合ったペーパーテストの作成方法，実技テスト実施のための基本的な知識，「コミュニケーションへの関心・意欲・態度」の評価方法，自己評価や生徒への評価のフィードバックの方法など，絶対評価に関わる実践について紹介しています。第II部では，「指導と評価の一体化」を目指した指導実践の例を，1年生から3年生まで学期ごとに紹介しています。学期ごとに，「コミュニケーション・タイム」「イベント活動」「授業アイディア」「評価実践例」の4つの項から実践例を紹介していますので，3学年通して36の実践例（3学期×3年間×4項＝36例）となります。

私が東京都中英研調査部で「コミュニケーション能力テスト」の開発に携わって得た知識，ELEC同友会実践研究部会で研究を行ってきた成果，東京都教育開発委員や基礎研究調査委員など，いくつかの研究機会を与えられて行った研究の成果，英語授業研究学会やさまざまな研究会で得た知識，これまでに行った講演の内容，私の著書などを総動員して，指導方法と評価について紙面の許す限り具体的に紹介したものです。

本書は，私にとって初めての単著の出版となります。このような著書が書けるようになったのも，教師として多くの方から叱咤激励を受けたからです。特に，下村勇三郎先生，関典明先生，長勝彦先生，小池角次郎先生，中村馨先生，大野容義先生，松香洋子先生，宗方隆三先生，根岸雅史先生，山本展子先生，隈部直光先生，樋口忠彦先生，松本茂先生，高橋一幸先生，田口徹先生には，英語教師として向上するためのさまざまな機会を与えていただき，感謝申し上げております。また，この場を借りて，研究仲間であるELEC同友会実践研究部会の先生方にも感謝申し上げます。この他にも感謝申し上げなくてはならない方々は大勢いらっしゃいます。実に多くの方々に支えられてきました。

最後になりましたが，第1次原稿についてアドバイスをいただいた石井亨先生，英文をチェックしていただいたBritish CouncilのEmma Cosgrave先生，このような機会を与えてくださいました教育出版の方々，特に編集を担当してくださいました平林公一さんに感謝申し上げます。

2003年2月吉日

本多　敏幸

●●●●●●●●●●目　次●●●●●●●●●●

第Ⅰ部

絶対評価における
指導計画と評価方法

第1章 指導計画の作成

1 単元や言語材料中心ではない指導計画の提案

国立教育政策研究所の『参考資料』の中で，全教科共通の例を示すために「単元」が取り上げられました。このことにより評価に振り回される事態が起きているようです。数学の単元と英語の単元ではその質が異なります。英語の場合はレッスン（教科書によってはユニット，プログラムという名称）が単元となりますが，この位置づけがあいまいです。各教科書とも，学習指導要領が示した「言語の使用場面と言語の働き」を考慮した編集が行われていますが，実際のところは文法事項中心のシラバスであると言っても間違いにはならないでしょう。また，題材や指導内容が重い単元もあれば，あまり時間を取らなくても指導できる単元もあります。したがって，単元ごとに評価計画を立て，総括しようと思うと，「be going to 〜の文を用いて正しく話すことができる」「be going to 〜の文を正しく聞き取ることができる」「be going to 〜の文を正しく書くことができる」「be going to 〜の文の意味・構造を理解している」など，文法事項中心の評価規準が並ぶことになります。さらに総括するのに十分な評価材料が集まらなかったり，評価材料を集めることに躍起となり，指導する時間が十分に取れなくなる本末転倒の事態となったりすることも考えられます。また，英語は言語ですので，短いスパン（期間）で身につけるものばかりではなく，むしろ長いスパンで身につけさせていくものが多いはずです。たとえば be going to 〜が扱われている単元で，文構造は理解させるにしても，その運用力を身につけさせるには，さまざまな活動の中で，「午後の予定を伝えたいから be going to 〜が適しているな」のように，自ら考えて使用させることが不可欠です。単元の中ではドリル学習を十分に行い，運用能力を高めるためにスピーチやチャットなどの活動を単元を越えて設定したり，スパイラルに使用する機会を作ったりすることで，しっかりと定着させることができるのだと私は考えます。

そこで，本書では，単元ごとではなく，また文法事項中心ではない，3年間を見通した指導計画の立て方を提案します。

また，実践的コミュニケーション能力を養うためには，生徒が英語を自ら使用する機会を授業中に多く設定しなければなりません。また，「聞くこと」「話すこと」を正しく評価するためには，生徒が英語を聞いたり話したりする機会を設定しなければなりません。たとえば,「話すこと」では,その指導をスピーチやチャットなどの活動を通して行わなければ,その評価も十分にはできません。生徒側からしてみれば,十分な指導も受けずに,また授業中に話す機会や練習も与えられないまま,1回のインタビューテストで「話すこと」が評価されたのでは,たまったものではありません。

そこで,本書では,コミュニケーション活動を織り込んだ指導計画の立て方を提案します。「コミュニケーション活動」にはいくつかの異なる定義がありますが,本書では,「情報の伝達を目的に,生徒が自ら考えて英語を使用する活動」と定義します。たとえば,スピーチ,ディスカッション,ディベート,チャット,インタビュー活動などを指します。

言語材料の配置については,各教科書によって異なります。本書で示す私案に教科書の単元ごとの言語材料や活動を加えた指導計画を作成することにより,文法事項に片寄らない,また生徒の実践的コミュニケーション能力を養うことのできる,バランスの取れた指導計画ができるはずです。

2 指導計画を立てる際の手順と留意点

学習指導要領の「指導計画の作成と内容の取り扱い」の項には,「生徒の実態や地域の実情に応じて,学年ごとの目標を適切に定め,3年間を通じて英語の目標の実現を図るようにすること。」とあります。「英語の目標」とは学習指導要領に示されている次の2つの目標です。

(外国語の) 目標

外国語を通じて,言語や文化に対する理解を深め,積極的にコミュニケーションを図ろうとする態度の育成を図り,聞くことや話すことなどの実践的コミュニケーション能力の基礎を養う。

(英語の) 目標

(1) 英語を聞くことに慣れ親しみ,初歩的な英語を聞いて話し手の意向などを理解できるようにする。
(2) 英語で話すことに慣れ親しみ,初歩的な英語を用いて自分の考えなどを話すことができるようにする。
(3) 英語を読むことに慣れ親しみ,初歩的な英語を読んで書き手の意向などを理解できるようにする。
(4) 英語で書くことに慣れ親しみ,初歩的な英語を用いて自分の考えなどを書くことができるようにする。

これらの目標を達成するために,具体的な指導計画を立てていくわけです。目標設定においては,まず最終目標を設定し,「3年間→学年→学期→単元→1単位の授業」のように,その目標を達成するための段階的目標を立てていくほうが理にかなっています。

表1は指導計画の立て方の流れを示したものです。

A　3年間指導することを前提として,3年間を通してどんな力をつけていきたいか(最終到達目標)を,学習指導要領を基にして設定します。

B　最終到達目標を達成するための段階的な到達目標,指導内容,指導方法等を考え，各学年に配当します。目標を達成するためにどんなコミュニケーション活動を行うか，大まかな計画を立てておきます。

C　総括的評価（評定）を学期ごとに行うので，到達目標，評価規準，評価項目，評価方法，評価基準については学期ごとに作成します。各観点の配分はなるべく平均となるように設定しますが，その学期の指導内容や活動にもよります。また，学習指導要領の目標には，「聞くことや話すことなどの実践的コミュニケーション能力の基礎を養う」とありますので，これを踏まえた配分も必要となります。

各学期の指導計画を立てる際にコミュニケーション活動の設定を行います。この場合のコミュニケーション活動とは，主にスピーチ，チャット，ディベートなど準備や実施に時間のかかる，単元を縦断したものを指します。これらのコミュニケーション活動は，現実的には学期に1～2種類程度が適当であると考えます。この学期ごとに設定するコミュニケーション活動を，本書では『イベント活動』と呼ぶことにします。イベント活動の紹介は第Ⅱ部第2章の「学期ごとの実践例」で行います。

D　ⓐ単元ごとの評価規準，評価項目，評価方法，評価基準等を作成します。（短いスパン）―単元ごとに身につけさせていくこと―

ⓑ単元を縦断した活動の評価規準，評価方法，評価基準等を作成します。（長いスパン）―ある程度長い期間をかけて身につけさせていくこと―

E　1単位の授業で行う指導内容に合った評価計画を立てます。指導と評価のバランスを考え，評価優先の授業とならないように心がけたいものです。

(表1)

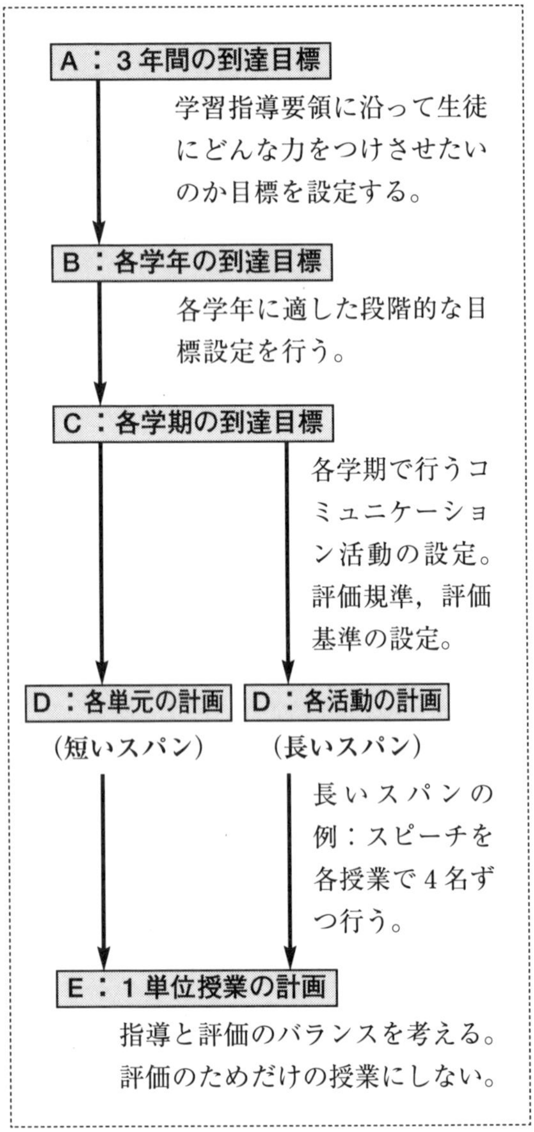

A：3年間の到達目標
学習指導要領に沿って生徒にどんな力をつけさせたいのか目標を設定する。
B：各学年の到達目標
各学年に適した段階的な目標設定を行う。
C：各学期の到達目標
各学期で行うコミュニケーション活動の設定。評価規準，評価基準の設定。
D：各単元の計画
（短いスパン）
D：各活動の計画
（長いスパン）
長いスパンの例：スピーチを各授業で4名ずつ行う。
E：1単位授業の計画
指導と評価のバランスを考える。評価のためだけの授業にしない。

3 3年間，各学年，各学期の到達目標私案

私は3年間の到達目標の設定にあたっては，学習指導要領を基にしながらも，私の今までの指導経験から，中学校で身につけさせたいことをどのような活動を通して身につけさせていくのか頭に描きながら行っています。

3年間の到達目標

① 教科書で扱う文法事項を理解し，使用することができる。
② 1,200語程度の単語を使用することができる。（書くことのできる単語数は教科書に扱われている単語900語のうち，800語程度）
③ 教科書で扱う慣用表現を積極的に使用することができる。
④ 質問，指示，依頼，提案などの英文を聞いて，適切に応じることができる。
⑤ 相手の言っている大切な点をメモすることができる。
⑥ 英語を聞いて，概略を理解できる。また，具体的な内容や大切な部分を聞き取ることができる。
⑦ 相手に十分な量の情報を与えたり，相手に質問することにより情報を得たりすることができる。また，積極的に行おうとする。
⑧ 身近な話題について，会話を3分間程度続けることができる。
⑨ 物について説明したり，絵，写真，映像を描写したりできる。
⑩ 第三者に自分の知っている情報を正確に伝えることができる。
⑪ 聞いたり読んだりしたことについて，意見や感想を述べることができる。
⑫ 音変化や抑揚などに気をつけながら，感情を込めて適切なスピードで音読することができる。
⑬ まとまった英文を適切なスピードで読んで，内容を理解することができる。
⑭ 簡単な英文を相手が理解できるように，ほぼ正しく書くことができる。また，100語程度のまとまった2から3段落の英文を，多少の間違いがあっても書くことができる。
⑮ 学習英和辞典の内容を理解し，書かれている情報を活用することができる。

この到達目標が達成できるように，各学年の到達目標，各学期の到達目標を段階的に設定しています。

次に各学年および各学期の到達目標を示します。各学期の到達目標には，評価場面や評価方法も想定して示すことにします。評価方法における「実技テスト」とは，生徒に英語を実際に話させて評価するテスト（インタビューテスト，音読テストなど）を表します。（第Ⅰ部第3章を参照）

第1学年

学年の到達目標

① 教科書で扱う文法事項を理解し，使用することができる。
② 400語程度の単語を使用することができる。（書くことのできる単語数は280語程度）
③ 教科書で扱う慣用表現を積極的に使用することができる。

④　質問，指示，依頼，提案などの英文を聞いて，適切に応じることができる。
⑤　英語を聞いて，具体的な内容や大切な部分を聞き取ることができる。
⑥　相手に自分についての情報を与えたり，相手に質問することにより情報を得たりすることができる。
⑦　身近な話題について，会話を1分間程度続けることができる。
⑧　正しい発音，イントネーション，強勢で音読することができる。
⑨　簡単な英文を読んで，内容を理解することができる。
⑩　簡単な英文を，文字や符号を含めてほぼ正しく書くことができる。また，40語程度のまとまった英文を，多少の間違いがあっても書くことができる。
⑪　自分が得た情報について，レポート文をほぼ正確に書くことができる。
⑫　初学者用の辞書の引き方の知識がある。

●●●●○学期の到達目標○●●●●

〈1学期〉

聞くこと

・アルファベットの名前及び音を聞いて，どのアルファベットであるか認識できる。［リスニングテスト］
・身近なもの（単語レベル）やあいさつなどの初歩的な対話文を聞いて理解できる。［リスニングテスト］
・教師の指示を聞いて，ほぼ正確に理解できる（動作できる）。［観察］
・教師や生徒の話す初歩的な英語を聞いて理解できる。［実技テスト，リスニングテスト，観察］

話すこと

・アルファベットの名前及び音を正しく発音できる。［実技テスト］
・簡単な自己紹介ができる。［活動（簡単な自己紹介のスピーチ）の評価，実技テスト］
・身近なもの（単語レベル）について正しく発音できる。［実技テスト］
・簡単な質問ができる。また，質問されたことに答えることができる。［実技テスト，観察］
・人を紹介することができる。［活動（スキット）の評価］

読むこと

・単語を読んで理解できる。［ペーパーテスト］
・簡単な英文を読んで理解できる。［ペーパーテスト］
・基本的な符号のもつ意味を理解できる。［ペーパーテスト］
・聞き手に十分に聞こえる声量で英語らしく音読することができる。［音読テスト］

書くこと

・文字を正しく書くことができる。［ペーパーテスト（小テスト）］
・教科書で扱われている単語のうち，重要な語を書くことができる。［ペーパーテスト（小テスト）］
・英文を書く際，基本的な符号を正しくつけることができる。［ペーパーテスト］

その他

・初学者用の辞書の基本的な知識がある。［観察，ペーパーテスト］

〈2学期〉

聞くこと

・簡単な英文を聞いて，内容を理解でき

る。[リスニングテスト]
・教師の指示を聞いて，正確に理解することができる。[観察]
・相づちを打ちながら相手の言うことを聞くことができる。[活動（チャット）の評価]

話すこと
・自分のことについて述べることができる。[活動（スピーチ）の評価]
・２文以上の英文で応答することができる。[実技テスト]
・スポーツや食べ物など身近な話題で，いくつかの会話技術を用いながら，会話を40秒間程度続けることができる。[実技テスト，観察（チャット）]
・感情を込めて簡単なスキットを演じることができる。[活動(スキット)の評価]

読むこと
・簡単な英文を読んで，「誰が」「何をする」のか理解することができる。[ペーパーテスト]
・正しい発音やイントネーションで音読することができる。[音読テスト]

書くこと
・簡単な英文を正しく書くことができる。[ペーパーテスト]
・25語程度のまとまった英文を書くことができる。[ペーパーテスト]

〈3学期〉

聞くこと
・簡単な英文を聞いて，内容を理解できる。(前学期より英文量やスピードが増している) [リスニングテスト]
・相づちやreaction wordsを用いながら，相手の言うことを聞くことができる。[活動（チャット）の評価，実技テスト，観察]

話すこと
・第三者のことについて述べることができる。[活動（スピーチ）の評価]
・身近な話題で，いくつかの会話技術を用いながら，会話を１分間程度続けることができる。[活動（チャット）の評価，実技テスト]

読むこと
・簡単な英文を読んで，人称代名詞が誰（何）を表すのか理解できる。[ペーパーテスト]
・正しい発音，イントネーション，強勢で音読することができる。[音読テスト]

書くこと
・簡単な英文を正しく書くことができる。[ペーパーテスト]
・40語程度のまとまった英文を書くことができる。[ペーパーテスト，活動（スピーチの原稿）の評価]
・自分が得た情報について，レポート文を正しく書くことができる。[活動（チャットの評価カード）の評価]

第２学年

学年の到達目標

① 教科書で扱う文法事項を理解し，使用することができる。
② 800語程度の単語を使用することができる。(書くことのできる単語数は560語程度)
③ 教科書で扱う慣用表現を積極的に使用することができる。
④ 質問，指示，依頼，提案などの英文を聞いて，適切に応じることができる。

⑤ 英語を聞いて，具体的な内容や大切な部分を聞き取ることができる。
⑥ 相手に情報を与えたり，相手に質問することにより情報を得たりすることができる。また，積極的に行おうとする。
⑦ 身近な話題について，会話を2分間程度続けることができる。
⑧ 動物や物について，相手が理解できるように説明することができる。
⑨ 第三者に自分の知っている情報を正しく伝えることができる。
⑩ 理由を付加して，好み，意見，感想，考えなどを述べることができる。
⑪ 音変化や抑揚などに気をつけながら，正しく音読することができる。
⑫ まとまった英文を読んで，内容を理解することができる。
⑬ 簡単な英文を，ほぼ正しく書くことができる。また，60語程度のまとまった英文を，多少の間違いがあっても書くことができる。
⑭ 初学者用の辞書を使用することができる。

●●●●❍ 学期の到達目標 ❍●●●●

〈1学期〉

聞くこと

・まとまった英文を聞いて，内容を理解できる。[リスニングテスト]
・相づちや reaction words を用いながら，相手の言うことを聞くことができる。[活動（チャット）の評価，観察]

話すこと

・感情を込めて英語を話すことができる。[活動（スキット）の評価]
・会話を継続するために必要な情報を付加して応答することができる。[活動（チャット）の評価，実技テスト]
・身近な話題で，いくつかの会話技術を用いながら，会話を1分間程度続けることができる。[活動（チャット）の評価，実技テスト]
・過去のことについて話すことができる。[活動（チャット）の評価，実技テスト]
・第三者に自分のもっている情報を伝えることができる。[活動（レポーティング）の評価]
・自分の知りたい情報について，相手に質問することができる。[活動（チャット）の評価，実技テスト]

読むこと

・まとまった英文を読んで，何について書いてあるか理解することができる。[ペーパーテスト]
・音変化，抑揚，強勢などを意識して音読することができる。[音読テスト]

書くこと

・平易な英文を正しく書くことができる。[ペーパーテスト]
・45語程度のまとまった英文を書くことができる。[ペーパーテスト]

〈2学期〉

聞くこと

・まとまった英文を聞いて，内容を理解できる。[リスニングテスト]
・相づちや reaction words を用いながら，相手の言うことを聞くことができる。[活動（チャット）の評価]

話すこと

・会話を継続させたり，相手に十分理解してもらうために，必要な情報を加えて応

答することができる。[活動（チャット）の評価，実技テスト]
・身近な話題で，いくつかの会話技術を用いながら，会話を1～2分間程度続けることができる。[活動（チャット）の評価]
・夏休みの思い出について，必要な情報を入れて述べることができる。[活動（スピーチ）の評価]
・第三者に自分のもっている情報を伝えることができる。[活動（レポーティング）の評価，実技テスト]
・理由を添えて意見を述べることができる。[観察]

読むこと
・まとまった英文を読んで，何について書いてあるか理解することができる。[ペーパーテスト]
・音変化，抑揚，強勢などを意識して，適切なスピードで音読することができる。[音読テスト]
・必要に応じて辞書を用いて英文を読むことができる。[観察]

書くこと
・平易な英文を正しく書くことができる。[ペーパーテスト]
・50語程度のまとまったスピーチ原稿やメール文を書くことができる。[ペーパーテスト]

〈3学期〉

聞くこと
・まとまった英文を聞いて，要点を押さえて内容を理解できる。[リスニングテスト]
・相づちや reaction words を用いながら相手の言うことを聞くことができる。[観察]

話すこと
・会話を継続するために必要な情報を相手から引き出すことができる。また，聞き返したり，確認したりすることができる。[活動（チャット）の評価]
・身近な話題で，いくつかの会話技術を用いながら，会話を2分間程度続けることができる。[活動（チャット）の評価]
・自分の将来の夢について，必要な情報を入れて述べることができる。[活動（スピーチ）の評価]
・理由を添えて，好み，意見，考えなどを述べることができる。[活動（ミニディベート，即興3文スピーチ）の評価，実技テスト]

読むこと
・まとまった英文を，未知語を推測しながら読むことができる。[ペーパーテスト]
・音変化，抑揚，強勢などを意識して，適切なスピードで感情を込めて音読することができる。[音読テスト]

書くこと
・意見や感想を含めて，まとまった英文を書くことができる。[ペーパーテスト]
・60語程度のスピーチ原稿や手紙文を書くことができる。[活動（スピーチの原稿）の評価，ペーパーテスト]

第3学年

学年の到達目標

「3年間の到達目標」と同じ

●●●●○ 学期の到達目標 ○●●●●

〈1 学期〉

聞くこと

・まとまった英文を聞いて，細かい内容を理解できる。[リスニングテスト]

・相づちや reaction words を用いながら，相手の言うことを聞くことができる。またその際，必要ならばメモを取ることができる。[活動(chat & report)の評価]

話すこと

・身近な話題で，いくつかの会話技術を用いながら，会話を 3 分間程度続けることができる。[活動（chat & report）の評価]

・第三者に自分のもっている情報を正しく伝えることができる。[活動（chat & report）の評価]

・読んだことや聞いたことについて，簡単な意見や感想を述べることができる。[実技テスト，観察]

・理由を添えて意見を述べることができる。[活動（無人島へもっていく物）の評価，実技テスト]

読むこと

・まとまった英文を適切なスピードで読んで，内容を理解することができる。[ペーパーテスト]

・音変化，抑揚，強勢などを意識して，適切なスピードで感情を込めて音読することができる。[音読テスト]

書くこと

・平易な英文を正しく書くことができる。[ペーパーテスト]

・英文を書く際の技術を使って，70 語程度のまとまった英文を書くことができる。[ペーパーテスト]

〈2 学期〉

聞くこと

・まとまった英文を，大切な部分はどこか理解しながら聞き取ることができる。[リスニングテスト]

話すこと

・相手の言うことに対して，十分な情報量で応答することができる。[実技テスト]

・どんな話題でも，いくつかの会話技術を用いながら，会話を 1 分間程度続けることができる。[活動（チャット）の評価]

・聞いたり読んだりしたことに，意見や感想を述べることができる。[インタビューテスト]

・絵，写真，映像などを描写することができる。[インタビューテスト]

・短い時間の中でも，相手にとって必要な情報をわかりやすく伝えること（プレゼンテーション）ができる。[活動（30 秒コマーシャル）の評価]

・物について説明することができる。[活動（explanation game）の評価]

読むこと

・英文の内容について，自分の意見と比較しながら読むことができる。[ペーパーテスト]

・音変化，抑揚，強勢などを意識して，適切なスピードで感情を込めて音読することができる。[音読テスト]

書くこと

・まとまった英文を，文章の構成に気をつけながら書くことができる。[ペーパーテスト]

その他

・学習英和辞典の基本的な知識がある。[観察]

〈3 学期〉

聞くこと

・まとまった英文を聞いて，大切な部分がどこか理解できる。また，細かい情報まで聞き取ることができる。［リスニングテスト］

・相づちや reaction words を用いながら相手の話を聞くことができる。［活動（チャット）の評価］

・自分の意見と比較しながら相手の意見を聞くことができる。［活動（ディベート）の評価］

話すこと

・相手の言うことに対して，十分な情報量で応答することができる。［インタビューテスト，観察］

・聞いたり読んだりしたことについて，即興で意見や感想を述べることができる。［活動（最後のスピーチ，ディベート）の評価］

・相手が理解できるように，まとまった量の内容を話すことができる。［活動（最後のスピーチ）の評価］

読むこと

・いくつかの段落で書かれた英文を，各段落の内容を理解しながら，適切なスピードで読み取ることができる。［ペーパーテスト］

書くこと

・まとまった英文を，文章の構成に気をつけながら書くことができる。［ペーパーテスト］

第2章 ペーパーテスト作成のための基礎知識

1 はじめに

私は東京都中学校英語教育研究会（通称「都中英研」）調査部で，『英語コミュニケーションテスト』の作成に携わっています。ここ数年間，根岸雅史先生（東京外国語大学）のご指導を受けながら，コミュニケーションの手段としての言語の使用能力を測るために適したテストを開発しています。これに携わって，テストを作成するというのは実に難しい作業だということを感じました。テストデザインを作成し，これに沿った問題を十数人の部員で作成するのですが，1つの問題を作成するのに数日間かかることもあります。また，取りあえず完成した問題であっても，多くの部員で再検討すると，必ずと言ってよいほど問題点が浮かび上がってきます。こうした経験から，定期テストであれ，単元テストであれ，小テストであれ，個人で信頼性（何度行っても同じ結果が出るか，採点者が異なっても同じ結果が出るか）や妥当性（測りたい力を測定するのに適したテストか）のあるテストを作成することはきわめて難しいと感じています。

絶対評価導入に伴い，テスト作成の難しさがさらに増しています。観点別に評価しなければならないことから，まず，それぞれの観点を評価するのに適した問題はどんなものであるのか，悩まれたことと推察します。「書くこと」に適しているのはどんな問題か，「読むこと」を評価するために作成した問題が本当に妥当なものであるのか，など，私も相当悩みました。今でも自分の作成したテスト問題に自信はありません。また，人により4つの観点それぞれに合った問題の捉え方が異なっていたり，十分なサンプルが示されていなかったりするのも，自信をもって作成できない原因の1つとなっています。

この章では，私が都中英研調査部や他のいくつかの団体でテスト作成に携わった経験から，絶対評価に適した問題および作成上の留意点を示したいと思います。なお，読者の中には，問題サンプルや私の考えに異論もあろうかと思いますが，本書を参考にして，より信頼性や妥当性のあるテストを作成されることを願っています。

2 テスト問題を診断してみよう

では，実際に定期テストや単元テストなど

でよく見られる出題例を示し，それが絶対評価との関連ではどうであるのか，またその問題点についても述べたいと思います。できれば，それぞれの出題例を次の視点を参考に診断し，各出題例のあとに示す私の考えと一致しているか試してみてください。なお，さまざまな種類の問題点を含む出題例を順不同で示していますので，❶～❸のすべての視点では診断できないものもあります。また，放送によるテストの例を〈例 13〉～〈例 15〉で示しています。

テスト問題診断の視点

❶　観点別評価で分けるとすれば，どの観点に位置づけられるか。

❷　絶対評価における問題として適切であるか。

❸　問題点はあるか。

example　**例　1**

次の対話文を読んで，あとの問いに答えなさい。

（試験範囲に該当する教科書の単元から対話文をそのまま使用したものとします）

Se Ri：Aki, What's the next room for?

Aki：It's ①use by my mother and father.

Se Ri：Can I take a closer look at ②it?

Aki：Sure, but why are you ③［興味がある］ that room?

Se Ri：I've never ④see this kind of floor in my country.

Aki：It's *tatami*. It's made （ ⑤ ） straw. ⑥［of / do / kind / what / have / floors / you］ in ⑦Korea houses?

Se Ri：⑧［　　　　　］

Aki：That sounds nice because I don't like the cold.

出典：*One World English Course 3*

問 1　下線部①，④，⑦の語を文に適する形に直しなさい。

問 2　下線部②の it は何を指しているか，日本語で答えなさい。

問 3　③の［　　］内の日本語を参考にして，適する語を２語で書きなさい。

問 4　（ ⑤ ）に適する1語を書きなさい。

問 5　⑥の［　　］内の語を正しく並べ換えて書きなさい。

問 6　⑧ではセリが韓国の家について説明しています。どんなことを述べたのか日本語で説明しなさい。

いわゆる総合問題です。相対評価においては，良い問題とは言えないまでもこの種の総合問題は出題可能でした。なぜなら，個々の被験者が集団の中でどの位置にいるのかを確かめるのが，テストの目的の１つだったからです。別の言い方をすれば，総合点が何点であるのかが重要となるので，テスティングポイントが混在してもかまいませんでした。しかし，絶対評価においては，個々の目標が達成されているかどうかを測定するのがテストの目的となるので，さまざまなテスティングポイントが混在する総合問題は不適切となります。上記の問題でも，語句の知識や語順についての知識などを試す問題が混在しています。絶対評価におけるテストでは，大問ごとに1つのテスティングポイントを設定して出題するのが適切です。動詞の語形変化の知識があるか評価したいのなら，そのことだけに絞った大問を作成することになります。

また，教科書の英文をそのまま使うことにより，生徒のもつ英語力より暗記力を試す問題になりかねません。たとえば，問6では，本文を読んで解答するというより，授業で教えたことを覚えているかどうかがポイントとなります。したがって，特に「読むこと」の問題を作成する際は，教科書の本文をそのまま使用することは適切ではありません。教科書の本文をrewriteしたり，テスティングポイントに合った英文を他から引用したりしなければなりません。しかし，英文を書くというのはとても難しい作業です。他の会社や旧版の教科書を利用したり，他の先生と教材交換を行ったりするのが良いでしょう。

example **例 2**

次の各組の語のうち，下線部の発音が他の3語と異なるものを1つだけ選び，記号で答えなさい。

ア fr<u>ie</u>nd　イ br<u>ea</u>kfast
ウ m<u>a</u>ny　エ s<u>ea</u>t

この問題をあえて分類すると，「言語や文化についての知識・理解」に該当します。しかし，「あえて」というのは，発音をペーパーテストで測ることが適切であるかという疑問をもっているからです。この問題例は，バレーボールの指導にたとえると，アンダーパスの手の組み方をペーパーテストで測るのと同じようなものです。実際にアンダーパスをさせてみれば，手の組み方も評価できるはずです。「知識がある」のと「できる」のとは別問題です。発音に関する評価は実際に発音をさせて行うべきです。これまで，評価の大半を定期テストに代表されるペーパーテストに頼る傾向が強かったと思います。ペーパーテストを評価の中心に据えるのではなく，さまざまな評価方法を取り入れて評価する必要があります。音読テストのような実技テストで評価するのが適切であるのか，ペーパーテストで評価するのが適切であるのか，目標を達成できたか評価するのに適した方法を選択することが大切です。また，波及効果（テストが学習に及ぼす影響）を考えても，生徒がテストに向けて，単語の発音についてペーパー上で丸暗記することを努力させるのか，実際に正しい発音ができるように努力させるのかでは，どちらが良いのか一目瞭然です。

example **例 3**

次の文を言うとき，どこを一番強く発音したらよいか，1つだけ選び，記号で答えなさい。ただし，下線部を一番強く発音するとします。

Follow me.
ア F<u>o</u>llow me.　イ Foll<u>ow</u> me.
ウ Follow m<u>e</u>.

〈例2〉と同様に，音声に関わるものは実技テストで測りたいものです。ただ，この例は，「複数正答」と「文脈の大切さ」の例を示そうとしたものです。通常，meのような人称代名詞は強く発音されませんが，状況によっては**ウ**も正答となります。たとえば，複数の教師と生徒がいて，教師の一人が「私についてきなさい。」と言うようなときです。問題を作成する際，授業中に指導したことや思い描いた答えしか見えなくなり，他にも正答があることを見落とす場合があります。複数正答がないように気をつけながら作成したり見直したりするのは当然のことですが，一度思い込むと見えにくくなるものなので，他の教師にチェックしてもらうことで，こうしたミスを防ぎたいものです。

また，この問題のテスティングポイントが，「場面や状況による強勢やイントネーションの違いを理解している」ことであるのなら，状況をもっと詳しく示さないと適切には測れません。文脈の中で意味を理解し，解答する問題作成を心がけたいものです。

example　**例　4**

次の（　　）内から正しい語を１つ選び，記号で答えなさい。

My father（ア　studyed　イ　studed　ウ　studid　エ　studied）French.

語い問題については，記号を選択する形式であっても書かせる形式であっても「言語や文化についての知識・理解」に該当します。ただし，study の過去形の綴りをチェックするのが目的なら，実際に書かせて評価すべきです。錯乱肢には誤った英語を入れないようにしたいものです。なお，単語の綴りについては，私は授業中に行う小テストで評価し，単元テストや定期テストでは別の観点（コロケーションや文脈に合った語いの選択など）で評価するようにしています。

example　**例　5**

次の日本文に合うように，［　　］内の語を正しく並べ換え，全文を書きなさい。ただし，はじめの語の最初の文字も小文字となっています。

そのいすは父によって作られた。

［was / the / father / by / chair / made / my / .］

このような語順整序（特に全文を書かせるようなもの）の問題が「表現の能力」に分類されているのをよく見かけますが，この種の並べ換え問題は，文構造についての知識を問う要素が強いので，「言語や文化についての知識・理解」に該当すると私は考えます。「表現の能力」における「書くこと」の問題は，言語の運用能力を問うものが適しています。この例が文構造についての知識を測るための問題であるなら，その要素のみが正しく測れるように，［　］内の語句を整理する必要があります。また，語句を写す際にスペリングミスなどの誤りをおかさないよう配慮する必要もあります。具体的には，次のように語句を整理し，記号で答えさせることによりテスティングポイントが絞れ，生徒の負担も少なくなります。

I like this chair. It［ア　by　イ　was　ウ　my father　エ　made］.

example　**例　6**

次の日本語に合う語を＿＿に１語ずつ書きなさい。

トムはたくさんのペンをもっている。

Tom has ＿＿＿＿ ＿＿＿＿ of pens.

「言語や文化についての知識・理解」に該当します。〈例 5〉と同様に，よく「表現の能力」に分類されていることがありますが，必ずしも「英語を書かせること＝表現の能力を評価する問題」ではありません。運用能力の基礎となるイディオムや語句についての知識を問うものは，「言語や文化についての知識・理解」に該当します。なお，単語やイディオムを覚えさせることは，英語の運用能力を高める上でとても大切です。小テストなどで随時確認していくことが，生徒の実力を確実につけていくためには必要です。

example 例 7

次の英文を（　　）内の指示にしたがって，全文を書き換えなさい。

(1)　Ken played tennis last week.
（下線部を every day にかえて）

(2)　My brother goes swimming in the river with me. (sometimes を加えて)

「言語や文化についての知識・理解」に該当します。よく見かける問題ですが，いくつかの問題点があります。まず，問題形式に関して何を評価したいのか不明瞭です。(1)は時制について，(2)は sometimes を入れる位置について，生徒の理解をチェックしているように思われますが，1つの大問の中に，複数のテスティングポイントがあることが不適切であることは先に述べたとおりです。また，every day が必ずしも現在形だけではなく，過去形や未来表現にも用いられること，sometimes の位置は動詞の前に置くとは限らないことから，複数の正答が考えられます。また，時間をかけて全文を書かせるほど意義があるものとも思えません。

(1)については文脈の中で時制を判断させ，記号で解答するように直してみました。

（　　）の中に適する語を下から選んで，記号で答えなさい。

Ken likes tennis very much. He (　　) it every day after school. He practiced yesterday, too.

ア　plays　　イ　played
ウ　is playing　エ　will play

(2)については sometimes の適する位置を直接答えさせるのは難しいので，goes を入れる位置を答えさせることにより，間接的に sometimes の位置について理解しているか，評価できる問題に直してみました。

次の文中に（　　）内の語を入れて英文を完成するならどこが適切か，記号で答えなさい。

My brother ア sometimes イ fishing ウ in the river エ with me.　(goes)

example 例 8

次の英文をほぼ同じ意味になるように書き換えたとき，＿＿に適する語を書きなさい。

(1)　My mother will go shopping next Sunday.
＝My mother ＿＿ ＿＿ ＿＿ go shopping next Sunday.

(2)　Tom loves my sister.
＝My sister ＿＿ ＿＿

＿＿＿＿ Tom.

このようなパズル的問題や語句暗記問題については，「言語や文化についての知識・理解」に該当します。しかし，各組の英語表現が必ずしも同じ意味で用いられるのではないということと，このような問題が実践的コミュニケーション能力を育成するという学習指導要領の教科目標に合うものではないことから，出題すべきではないと考えます。

example　例 9

次の（　　）内から正しい語句を選び，記号で答えなさい。

A：I can't answer this question.
B：OK. I'll（ア help　イ helping　ウ make　エ making）you.

「言語や文化についての知識・理解」に該当します。ただし，〈例1〉で述べたように，テスティングポイントが絞れていないことが問題です。このテストでは，「help と make のどちらが適しているか」という語いの問題と，「助動詞のあとは動詞の原形を用いる」という文法知識の問題が混在しています。したがって，次のように前者と後者でそれぞれ別の大問を設定して出題するとよいでしょう。なお，多肢選択型の語い問題を作成する場合，選択肢は同じ品詞で揃えます。（　）の位置に適する品詞がわかると，正答が絞れてしまうからです。

（語い）
A：I can't answer this question.
B：OK. I'll（ア help　イ make　ウ see　エ read）you.

（文法）
A：Does your brother have any plans for the summer vacation?
B：Yes. He'll（ア visit　イ visits　ウ visited　エ visiting）his friend in Hokkaido.

example　例 10

次の質問に日本語で答えなさい。
(1) ユニオンジャックについて知っていることを書きなさい。
(2) イギリスで作られたスポーツ名を2つ挙げなさい。

観点別評価が導入された頃によく見かけた問題です。授業でイギリスの国旗やスポーツについて取り上げたとしても，他教科で問えるような知識を英語のテストで扱うのは適切ではありません。

「言語や文化についての知識・理解」について，『報告書』の「評価の観点及びその趣旨」には，「初歩的な外国語の学習を通して，言語やその運用についての知識を身につけるとともにその背景にある文化などを理解している。」とあります。また，次の2つの評価規準例が示されています。

・言語や言語の運用についての基本的な知識を身につけている。
・初歩的な英語の学習において取り扱われた文化について理解している。

評価する対象は，英語を聞いたり読んだりする際にその内容を理解するために必要な知識（数の言い方や日付の順序など）や，話したり書いたりする際に知っておかねばならない知識（手紙の書式，ていねいさなど）に限定するのが良いと考えます。また，授業で教えたことであっても，わざわざテストで出題すべき内容であるかどうかも吟味する必要があります。

example　例 11

次の自己紹介文を読んで，誰のものか１つ選び，記号で答えなさい。

I'm a baseball player. I'm from Aichi. I play in the U.S. now.

ア　高橋尚子　**イ**　マイケル・ジョーダン
ウ　イチロー　**エ**　長嶋茂雄

「理解の能力」に該当します。ただし，生徒に人物の知識が十分にないと，英文が読み取れても答えられない，という問題点を含んでいます。テストを作成する際は，別の要素が測定したいポイントを阻害しないように気をつけなければなりません。「この４人は有名だから知っているのが常識だ」と考えるのはいささか危険です。また，音楽やスポーツなど特定の分野に集中して出題するのも公平さを欠くことがあるので注意したいものです。

example　例 12

次の英文を文脈に合うように正しく並べ換え，記号で答えなさい。ただし，**ア**から始まるものとする。（生徒にとって初めて読む文という設定）

ア　When I was 12 years old, I had three friends. Chris, a big boy, was our leader.

イ　The boy was dead and he knew where the body was. We decided to find the body before anyone else.

ウ　We had a tree house. We often got together there. One day, Chris, Teddy and I were in the tree house.

エ　We wanted to be heroes. We said to our parents, "We'll go camping."

オ　Teddy had many problems. Vern was not interested in school. We were all different but we were best friends.

カ　Then we left for a two-day trip along the forest railroad.

キ　We knew through the papers that a boy from the town was missing. Then Vern came with some exciting news.

出典：*One World English Course 3*

「理解の能力」に該当します。このように，バラバラに示してある文を文脈に合うように正しく並べ換える問題形式はよく用いられています。この問題で好ましくない点は，各英文を読み取り，並べ換えるのにかなりの時間を要する割に，１つ順番を間違えると，部分的に合っていたとしても得点が与えられないところにあります。この問題の改善策の１つとして，**ア→□→□→キ→□→□→カ**　のように前半部分と後半部分に分け，それぞれに配点することが考えられます。しかし，１題のみで評価するのではなく，全文を３～４の部分に分けたものを数題出題するほうが，より信頼性の高いものとなります。

example **例 13**

(放送によるテスト)

英文を聞き，そのあとで放送される質問の答えとして最も適するものを1つ選び，記号で答えなさい。英文はメモを取ってもかまいません。なお，英文と質問文は1度しか放送しません。

ア　Two dogs.　　イ　Three cats.
ウ　In the park.　エ　Every Sunday.

[放送文]

My name is Tom. I like animals. I have two dogs and three cats. I usually take them to the park near my house on Sundays. There is a pond there. They like playing in the park.

Question : How many cats does Tom have?

「理解の能力」に該当します。しかし，英文が先に読まれ，そのあとで質問が行われることと，聞き取り回数が1度であることから，いくら「メモを取ってもかまいません」と指示があっても，英文の内容をすべて覚えておかなければならない，という負担を生徒にかけることになります。この問題の場合，英文と質問文を2度放送するか，次のように質問を先に行い，その質問の答えのみを聞き取る形式に直すと改善されます。この問題例の場合は，特定の情報のみ聞き取る問題形式となります。

はじめに日本語による質問が行われ，そのあとで英文が放送されます。英文を聞き，日本語の質問に合う答えを1つだけ選び，記号で答えなさい。なお，日本語の質問と英文は1度しか放送しません。

トムが自己紹介します。ネコを何匹飼っているか聞き取りなさい。

ア　0匹　　イ　1匹
ウ　2匹　　エ　3匹

example **例 14**

(放送によるテスト)

次の英文を聞いて，聞き取った語を____に1語ずつ書きなさい。

Ken likes playing soccer. He sometimes plays ________ ________ the park with his friend Yoshio. Both Ken and Yoshio are ________ ________ playing soccer.

[放送文]

Ken likes playing soccer. He sometimes plays it in the park with his friend Yoshio. Both Ken and Yoshio are good at playing soccer.

部分ディクテーションの問題です。音のつながりが正しく聞き取れるか評価する問題であると思われますが，単語を書かせることにより，綴りの知識も必要となります。したがって複合的な問題となってしまっています。内容語を聞き取らせるのであれば，多少の綴りの誤りは減点しないことも考えられますが，この問題では it, in, at のような短い綴りの語を書き取らせようとしているので，それは難しいでしょう。また，書かれている英文から，放送を聞かなくても答えが推測できるのも問題点となります。以上の点から，適切な問題ではないと考えます。

example　例 15

(放送によるテスト)
英語を聞いて，どちらの語を言ったのか，記号で答えなさい。
(1) ア　not　イ　note
(2) I don't have a good （ア　pin　イ pan).

最近，フォニックスの指導が広く行われているので，このような問題がよく出題されていると思います。フォニックスが「音と文字との関係についての知識」であることから，「言語や文化についての知識」に該当すると考えます。「英語を聞いて答える問題＝理解の能力を評価する問題」とは限りません。他に，英単語を表す絵がいくつか問題用紙に印刷されていて，単語を聞いて絵を選ぶような問題も語いの知識を試すものなので，「言語や文化についての知識」に該当します。

3 観点別ペーパーテストの作成法

テストの目的は，指導した内容がどの程度定着しているのか確認する，学習する機会を与える，テスト結果をその後の指導に活かす，など複数あります。これらの目的は，相対評価においても絶対評価においても変わるものではありません。では，相対評価におけるテストと絶対評価におけるテストの大きな違いは何でしょうか。

相対評価におけるテストは，個々の生徒が集団の中のどの位置にいるのかを確かめるのが大きな目的でした。したがって，平均点を60点前後に設定し，得点分布が正規分布となるようなテスト作成が要求されていました。平均点が80点以上や30点以下のテストであれば，生徒間に差をつけるのが難しくなるからです。また，評定を決定するためには総合点のみが必要であったので，テスティングポイントが複数ある問題があってもかまいませんでした。(注：観点別評価を考慮しないことを前提としての場合です。)

絶対評価におけるテストは，個々の目標(細かく設定した評価規準）をクリアしているかを確かめるのが大きな目的です。したがって，平均点を60点前後に設定する必要はありません。テストの難易度を考えるより，個々の目標が達成できたか測定するのに適した問題を考えることのほうが重要となります。

中学校で行う主なペーパーテストは，小テスト，単元テスト，定期テストの3種類が考えられます。小テストは，ある1つの目標が達成できたかをチェックするのによく用いられます。たとえば，重要文が書けるようになったか，単語が書けるようになったか，文法事項が理解できたか，などです。授業で指導した内容（語い，重要表現，重要文，文法事項など）を覚えさせる，理解できたかチェックする，などの目的には向いています。また，評価時期が指導直後（その授業の終わりや次の授業の最初など）となることが多いので，教師が生徒の理解度を把握し，すぐに指導に活かせることや，授業に集中させたり勉強させたりすることに効果があるテストと言えます。

単元テストは，その単元の評価計画で設定した評価規準のうち，ペーパーテストで評価するのに適したものをいくつか選んで出題します。ただし，実際にはテストのために授業時間（指導のための時間）をそんなに割くわけにはいきません。15分間以内で解答できるものが適量であると私は考えます。したがって,「現在進行形の文構造を理解している」のような文法事項に関する評価規準や,その単元で扱われた重要語句や表現の評価が,単元テストには向いています。また,「言語や文化についての知識・理解」だけでなく,「聞くこと」「読むこと」「書くこと」に関わる評価規準の評価も,場合によっては行います。(特に単元ごとに総括している場合は必要となります。その場合のテスト時間は15分間以上となっても仕方ありません。)

次に,定期テストを作成する際の手順を示します。定期テストを廃止した学校もあると思いますが,1つの参考例としてお読みください。

(1) 評価計画

学期ごとの指導評価計画を立てる際に,評価方法についても計画しておきます。

「2 テスト問題を診断してみよう」でも述べましたが,実技テストや観察など,他の方法で評価するほうがふさわしいものは,そちらの方法で評価するようにします。

(2) テストデザイン

① どの観点をどの割合で評価するのかを決めます。

例
「理解の能力」のうち,聞くことが30%,読むことが20%
「表現の能力」のうち,書くことが20%
「言語や文化についての知識・理解」のうち,文法が30%

② 各観点(項目)の何を評価するのか決めます。(テスティングポイントの設定)

ここで設定した1つのポイントが基本的には1つの大問となります。

例
過去進行形を含む英文を聞いて,内容が理解できる(聞くこと)
手紙文を読んで概要が理解できる(読むこと)
適切な動詞の形を選択できる(文法)
第三者について説明する英文を正しく書くことができる。(書くこと)

③ 各観点(項目)の配置を決めます。

同じ観点(項目)のものを1つのブロックとして配置すると,教師にとっても生徒にとっても結果が把握しやすくなります。

例
「理解の能力」のうち,「聞くこと」のブロックを「大問1,2,3」とし,「読むこと」のブロックを「大問4,5」とする。「表現の能力」のうち,「書くこと」のブロックを「大問6,7」とする。「言語や文化についての知識・理解」のブロックを「大問8,9,10」とする。

④ 問題数を設定します。このとき,次の「2つの数量」がとても重要となります。

第1の数量:各大問中の小問数

大問中の小問数がもし1問だけの場合,そのテストは信頼性のあるテストと言えるでしょうか。その1問に正答すれば目標を達成している,誤答であれば達成していない,となれば信頼性のある評価とは言えません。<u>小問は少なくとも5問以上は作成</u>したいものです。

第2の数量:全体の問題数(量)

各大問ごとにテスティングポイントを設定しているということは,もし時間がなくなってある大問が解答できないとなれば,その大問のテスティングポイントは評価できないことになります。時間がなくてできなかったのか，解答する力がなかったのか，絶対評価においてこの違いはとても大きな意味をもちます。したがって，解答時間内に十分に解答できる問題数（量）にする必要があります。また，自由英作文のような「書くこと」の問題がよくテストの最後に置かれていることがありますが，この配置についても十分に考慮する必要があります。

⑤　配点

配点については難しい面があります。評価者（＝教師）からすれば総合点は必要ではないので，100点満点のテストでなくてもかまいません。しかし，生徒や保護者からすると，100点満点のほうが全体の到達度を把握しやすいかもしれません。（もちろん，絶対評価の本質から言えば，1つのテストの総合点に過度に注目するのは，あまり好ましいことではありませんが。）また，学校によっては定期テストの得点資料を入試資料の1つとして活用するなどの理由から，100点満点でテストを作成するよう統一しているところもあるでしょう。100点満点でなくてよいのなら，1問1点を基本としながら，問題によっては評価基準の立て方に合った点数にします。100点満点とするなら，問題数に応じて配点することになります。

私自身は100点満点で定期テストを作成していますが，総合点を過度に意識させないように，また各大問の評価規準に目を向けさせるために，（資料1）の表を定期テストの最後のページにつけています。テストを生徒に返却し，答え合わせをしたあとに大問ごとの得点を記入させ，観点別の評価点（A，B，C）を各自でつけさせています。「どんな力をテストしているか（評価規準）」は，生徒にとってわかりやすい表現に直しています。なお，評価基準は次のように統一しています。

観点別評価点

A：80％以上

B：50％以上80％未満

C：50％未満

(3) テスト作成

テストデザインに沿って，個々の目標を評価するのに適した問題を考えます。また，次のことに留意しながら作成します。

①　英語以外の要素で生徒に負担をかけない。（暗記，特定の知識）

②　生徒にとって誤解のない明瞭な指示文にする。説明不足により生徒の解答方法などに誤りが出ないようにする。場合によっては例を載せる。

③　多肢選択問題の場合，偶然で正答する確率を低くするために，4つ以上の選択肢から選ぶ問題を作る。ただし，錯乱肢が異質になってしまう場合は，無理に作成しない。

④　問題によっては二者択一問題となることがあるが，その場合は同じ観点（項目）の他の問題を多肢選択問題や記述式問題にする。二者択一問題は，問題文を読まずに解答しても50％の正答率が得られるので，他の形式の問題と組み合わせることにより，少しではあるが信頼性を高めることができる。

（資料）

テストの結果を反省しよう

氏名＿＿＿＿＿＿＿＿＿＿

大問ごとの点数を記入して，どんなところをもっと勉強したらよいのか知ろう！

大問	どんな力をテストしているか	配点	得点	観点別評価	
1	質問の答えとなる内容を聞き取ることができる	10		聞く力 ／30	理解
2	まとまった英文を聞いて，内容が理解できる	10			
3	内容を理解し，最後の文に対する応答がわかる	10			
4	英文を読んで，文章の筋が理解できる	10		読む力 ／20	
5	まとまった対話文を読んで，内容が理解できる	10			
6	文法にしたがって正しく書くことができる	6		書く力 ／20	表現
7	第三者について説明する英文を正しく書くことができる	6			
8	自分のことについて正しく書くことができる	8			
9	適切な動詞の形を選択できる	10		文　法 ／30	知識
10	疑問文や否定文についての知識がある	10			
11	英語の語順についての知識がある	10			

観点別評価（該当するところを○で囲もう）

聞く力	A：24～30	B：15～23	C：0～14
読む力	A：16～20	B：10～15	C：0～9
書く力	A：16～20	B：10～15	C：0～9
文　法	A：24～30	B：15～23	C：0～14

⑤　読むことを評価する問題では，文章を読む際の流れを切らないように，文章中にはなるべく（　　）を置かない。

⑥　場面や文脈を大切にした，意味のある英文を作成する。

⑦　同じ大問を用紙の表・裏の両方に配置しないようにする。生徒にとって解答しやすいよう配慮する。

⑧　評価しようとするポイント以外のところで誤りが発生しないように作成する。

例　語順整序問題では，ピリオドやクエスチョンマークなどの符号をあらかじめ打っておく。

なお，こうした配慮をしなくても，評価しようとする項目以外のところの誤りは減点しないのが原則である。

⑨　絵を用いる場合は次のことに気をつける。

ア　余分な情報が入っている。

例　「いす」の情報のみが必要なのにいすとテーブルが描かれた物を使用する。

イ　使用する英文とは異なる情報を表している。

例　英文中の「ペン」は単数であるのに，絵ではペンが２本ある。
英文中の人物は男性なのに，絵では女性である。

ウ　表したい情報とは異なる情報に捉えられる可能性がある。

例　「勉強している」情報を示したいのに，「読書している」とも捉えられかねない。

⑩　解答方法が複雑とならないようにする。また，指示文が長く複雑で，日本語の読解が必要とならないようにする。

⑪　小問や選択肢を横に配置していくか，縦に配置していくか統一する。横に読んでいくものと，縦に読んでいくものを混在させると，生徒が解答欄を間違えたり，記号を間違えたりする原因となる。以下に悪い例を示す。

【１】	(1)	ア	On Monday.		(3)	ア	He likes soccer.
		イ	On Sunday.			イ	He listens to music.
		ウ	On Tuesday.			ウ	He studies French.
	(2)	ア	Ken does.		(4)	ア	On the chair.
		イ	Makoto does.			イ	Under the chair.
		ウ	Ichiro does.			ウ	By the chair.

【２】	(1)	ア	Two.	イ	Three.	(2)	ア	A pen.	イ	A notebook.
	(3)	ア	At 6:30.	イ	At 7:30.	(4)	ア	Breakfast.	イ	Lunch.

(4)　主観テストの評価項目と評価基準の設定

自由英作文などの主観テストの評価項目と評価基準の設定を行います。以下に主観テストの例を示し，その中で評価項目や評価基準について具体的に説明します。

example　**例**

表現の能力を評価する問題で配点を10点とします。

あなたは外国人のペンフレンドに，自分の友達（健太郎）の紹介を英語の手紙文の中で行うとします。次の**ア**～**ウ**の項目について自由に考え，下に書かれた英文に続けて，あと５文以上で書きなさい。

ア　あなたが健太郎を何と呼んでいるか。

イ　健太郎の好きなこと（趣味）。

ウ　あなたと健太郎でよくすること。その他何でも。

I have a good friend.
His name is Kentaro.

評価項目と評価基準例：

① **ア〜ウ**の設定項目について適切な英語表現を選んでいる。（適切さ）

適切である…１点

不適切である…０点　（合計３点）

各項目について評価する。たとえば**ア**が，He is Ken. という文では，**ア**に適した英語表現とは言えません。この場合，I call him Ken.とか His nickname is Ken. という英文が適しています。

② 書こうとすることを読み手に正確に伝えることができる。（正確さ）

ほぼ正しい…１点

正確さに欠ける…０点

（１文につき１点，合計５点）

たとえば**ア**について，I call Ken. という文が書かれていても，読み手に**ア**の意味を正確には伝えられません。

③ 英文の構成がわかりやすい。（英文の構成）

わかりやすい…２点

何とかわかる…１点

わかりにくい…０点

たとえば，He likes tennis. He sometimes goes skiing with me. He's a good tennis player. のような英文は，一貫性がなく，読み手にとってわかりにくい構成となっています。

この他，５文以上という課題を与えているので，英文の数や，あるいは語数などを評価項目として設定する場合もあります。また，まとまった英文を書かせる問題なら，「課題に合った内容」という項目で内容を評価することも考えられます。

(5) 解答用紙の作成

解答用紙を，次のことに留意しながら作成します。

① 解答欄の大きさは十分に取る。

② 語句や文を書かせる場合，解答の長さにより解答欄の大きさを変えない。解答欄の大きさがヒントにならないようにする。

③ 小問の解答欄は横と縦が混在しないようにする。

④ できるだけ用紙の片面だけで作成する。（裏面には解答欄を設けない。）解答を終えたら裏返しにさせることで，終了した生徒がわかるのと，答えが見えるのを防ぐことができる。（見たくなくても見えてしまうことがあるので。）

(6) テストの最終チェック

自分で解答用紙に実際に答えを書いてみます。しかし，自分で作成したテストは客観的に診断できないことがありますので，さらに他の先生（英語科に限らず）にチェックしてもらうか，実際に解答してもらいます。その際，批評的に見てもらい，細かな点も含めて指摘してもらいます。

4 問題例

「2　テスト問題を診断してみよう」で扱わなかった問題形式で，作成可能な例をいくつか紹介します。なお，紙面の関係で小問は２問ずつ示すことにします。

●例 1 ●語い［習った単語を文の中で聞き取ることができる］

（1 年 1 学期の頃，単語を聞いて認識できるレベルで用いる形式）

問：これからまだ教えていない英文を放送します。それぞれの問題で，4 つの絵のうちの 1 つを表す単語が聞こえてきます。その聞こえてきた単語を記号で答えなさい。

(1)

ア	イ	ウ	エ
			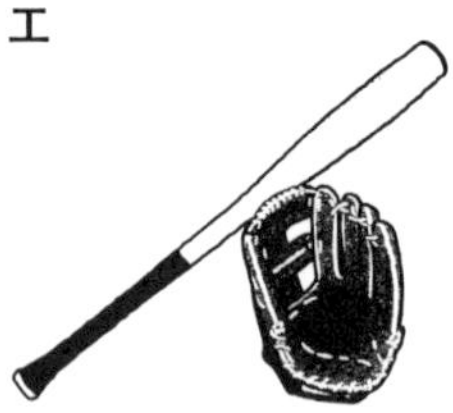

(2)

ア	イ	ウ	エ

［放送文］

(1) My father likes playing tennis. He has a nice tennis racket.

(2) There is a cup on the desk. It's really pretty.

●例 2 ●語い［手紙文において，文に合った語いを選択できる］

（特定の言語の使用場面において，文脈から適する語いを選ぶ形式）

「平成 12 年度　都中英研コミュニケーションテスト（2 年生）」より

問：マキはシドニーにいる友達のメイに手紙を書きました。文中の（　　）内に，それぞれ**ア**～**エ**から適するものを 1 つずつ選び，記号で答えなさい。

（ 1 ）, September 9

Dear May,

Thank you very much for the birthday present. I like it very much.

(2) is the weather in Sydney? It's raining in Japan today.
Last weekend my family and I went to Kagoshima to see my grandmother.
We (3) a very good time there.
Please (4) me a letter soon. Say hello to your family.

Your (5),
Maki

⑴	ア Evening	イ Summer	ウ Sunday	エ July
⑵	ア What	イ When	ウ Where	エ How
⑶	ア enjoyed	イ had	ウ saw	エ watched
⑷	ア take	イ listen	ウ say	エ write
⑸	ア friend	イ letter	ウ present	エ grandmother

●例３●慣用表現［文に適した表現を選択できる］

問：次の対話文中の（　　）に適するものを，ア～エの中から選んで記号で答えなさい。

⑴ A : Thank you for the Christmas card, Aki.
B : (　　　).

ア You're welcome.　　イ Me, too.
ウ Oh, really?　　エ That sounds great.

⑵ A : Hello. Can I speak to Mr. Honda?
B : Sure. (　　　).

ア You have the wrong number.　　イ Of course I can.
ウ Just a minute, please.　　エ I can take a message.

●例４●文法［文構造についての知識がある］

問：次の日本語の内容を表す英文として，正しいものを１つ選んで，記号で答えなさい。

⑴ 父が帰ってきたとき，私はテレビを見ていました。

ア My father got home when I was watching TV.
イ When my father got home, I was watching TV.
ウ When I was watching TV, my father got home.

⑵ もし明日晴れたら，私はテニスをします。

ア If I will play tennis, it is sunny tomorrow.

イ　It is sunny tomorrow if I will play tennis.
ウ　I will play tennis if it is sunny tomorrow.

●例 5 ●文法［時制についての知識がある］

（文脈や時を表す句などで時制を判断するのではなく，絵を見て判断する形式）

「平成 10 年度　都中英研コミュニケーションテスト（2 年生）」より

問：次のそれぞれの絵の吹き出しの部分に入る英文として，適するものをア～エから選び，記号で答えなさい。

(1) ア　Where do you go?
　イ　Where are you going?
　ウ　Where did you go?
　エ　Where will you go?

(2) ア　It is raining.
　イ　It was raining then.
　ウ　It will rain soon.
　エ　It rains.

●例 6 ●文法［現在完了形についての文法知識がある］

（特定の言語材料についての文法知識を評価する形式）

問：次の対話文の（　　）に適する語をア～エからそれぞれ選んで，記号で答えなさい。

(1) A : How long have you studied English?
　B : (　　　) two years.
　　ア　On　　イ　Since　　ウ　For　　エ　By

(2) A : (　　　) your aunt lived in Matsuyama for a long time?
　B : Yes. Since 1970.
　　ア　Does　　イ　Did　　ウ　Is　　エ　Has

●例 7 ●理解の能力［英文を読んで，必要な情報を探すことができる］

（必要な情報のみを読み取らせる形式）

「平成 13 年度　都中英研コミュニケーションテスト（2 年生）」より

問：マサシは夏休みにイギリスに短期留学をしようと思ってパンフレットを読んでいます。マサシが知りたいことはどこに書いてあるか，**ア〜カ**より選んで記号で答えなさい。

(1) 僕は 13 歳なんだけど，どのコースにしたらいいかな。
(2) 他の国の人と一緒に滞在することになるのかな。
(3) 先生はどんな物を使って授業するのかな。
(4) 勉強以外はどんな楽しみがあるのかな。
(5) どこに問い合わせればいいのかな。

Padworth Summer School

ア　Address　Padworth Near Reading, Berkshire RG7 4NP
Telephone　Burghfield Common (0152) 186145
E-mail　padworth@lineone.co.uk
Principal　Ms Nancy York

イ　Padworth is a large 18th century house set in the beautiful countryside just an hour and a half from Heathrow Airport.

ウ　There is a big library with many different kinds of books. During lessons teachers use audio and video equipment and computers.

エ　When there are no lessons, there are many things to do such as tennis, swimming and horse back riding. There is a sauna, too.

オ　The summer vacation courses are for foreign students of English, both boys and girls. You'll stay with students from all over the world.

カ　Courses begin on July 4, July 18 and August 15.
Course A is for age 15 and up, Course B is for ages 11-14.

●例８●理解の能力［受け身形を含む英文を読んで，内容を正しく理解することができる］
（特定の文法事項を含む英文を読んで，理解の能力を評価する形式）

問：次の英文は，あなたの友達（Ken）が困っている状況を説明したものです。あなたは友達が必要としている物を**ア**～**エ**の中から１つ渡すことにします。どれを渡すのが最も適当か，記号で答えなさい。

(1) Ken is reading a letter from his friend in Canada. It is written in English. He doesn't know some words in the letter.

ア はさみ　**イ** ペン　**ウ** 辞書　**エ** 切手

(2) Ken saw a very famous building in Kyoto. It was built many years ago. He doesn't know anything about the building.

ア 双眼鏡　**イ** 切符　**ウ** 大工道具　**エ** ガイドブック

●例９●理解の能力［受け身形を含む英文を読んで，内容を正しく理解することができる］
（特定の文法事項を含む英文を読んで，理解の能力を評価する形式）
正進社「観点別評価 英語」より

問：健太が書いた次の日記を読んで，その内容に合うように，(1)～(5)の英文の空所に適するものを**ア**～**エ**から選び，記号で答えなさい。

Friday, April 20

I visited a small museum in Heiwa City. It is visited by many people every day because it has a lot of interesting things. For example, I saw the oldest camera. It was invented by a Frenchman in 1893. It was much larger than my camera. I saw many music boxes, too. One of them looked like a small piano. There were some old bikes, too. The oldest one was made about 100 years ago. I loved it. I wanted to ride it. I saw a very old movie there. The movie had no sound. It is called a silent movie. It was a good movie. It made me happy.

(1) A lot of (　　　) visit the museum every day to see many interesting things there.

ア people　**イ** students　**ウ** children　**エ** Frenchmen

(2) Kenta (　　　) the oldest bike in the museum very much.

ア liked　**イ** wanted　**ウ** didn't like　**エ** needed

●例 10 ●理解の能力［関係代名詞を含む英文を聞いて，正しく理解できる］
（特定の文法事項を含む英文を聞いて，理解の能力を評価する形式）

問：各英文を聞いて，**ア**～**エ**のどれを説明しているのか1つ選び，記号で答えなさい。

(1) **ア** 看護婦　**イ** バスガイド　**ウ** 警察官　**エ** 消防士

(2) **ア** マンガ　**イ** カレンダー　**ウ** 日記帳　**エ** スケジュール帳

[放送文]

(1) They are the people who work at a hospital. They take care of people who are sick or injured.

(2) It is a kind of book that we write at the end of each day. We usually write what we do or did in it.

●例 11 ●理解の能力［間接疑問の文を含む英文を聞いて，正しく理解することができる。］
（特定の文法事項を含む英文を聞いて，理解の能力を評価する形式）

問：日本に来たばかりの外国人が困っています。それぞれの人の話を聞いて，どんなことを知りたいのか聞き取り，**ア**～**ウ**の中から最も適するものを選び，記号で答えなさい。

(1) **ア** 誰が本を書いたのか。
　イ 図書館はどこにあるのか。
　ウ 本屋がどこにあるのか。

(2) **ア** コンサートが何時に始まるのか。
　イ コンサートがどこで行われるのか。
　ウ コンサート会場までの交通は何を使ったら便利か。

[放送文]

(1) I'm going to buy a Japanese picture book for my daughter because she is interested in Japanese stories.
But I don't know where a good bookstore is.

(2) My friend gave me a world music concert ticket. Because the ticket is written in Spanish, I can't understand all the information written on the ticket. I know where the concert will be held, but I don't know what time the concert will start. I don't want to be late.

●例 12 ●理解の能力［英文を聞いて，概要を理解できる］

「平成 13 年度　都中英研コミュニケーションテスト（3 年生）」より

問：英語の授業でスピーチをすることになりました。これから 5 人の友達が行ったスピーチの一部を放送しますので，それぞれに最も適する題名を下の**ア〜カ**から選び，その記号を書きなさい。ただし，スピーチ文は 1 度しか放送しません。

ア　わたしの夢　　**イ**　コンクール　　**ウ**　友達

エ　国際理解　　**オ**　ボランティア　　**カ**　コンピュータ

[放送文]

(1)　The other day I visited a nursing home with my friends. A lot of old people live in the nursing home. I helped the staff there. I talked and listened to the old people. They taught me old songs and we sang them together. They looked so happy. I really enjoyed myself and learned a lot from them .

(2)　Last June I entered this school. At first I was a little bit lonely. I didn't want to come to school. One day one of my classmates invited me to a rock concert. I like rock music very much. So I had a good time. Since then we've been good friends. The students are very kind to me. I'm very happy with them. Thanks to them, I like my school.

●例 13 ●表現の能力［説明文を相手が理解できるように書くことができる］

（ある題材について，まとまった英文を書かせる形式）

問：あなたはアメリカ人の友達の Mike から，あなたの中学校生活について説明してほしい，とのメールを受け取りました。次の条件で Mike に返信文（英文）を書きなさい。

[条件]

・英文は次の書き出しに続けて書くこと。

・ 50 語以上書くこと。（書き出しの部分は語数に含めない）

・Mike は日本の中学校について，まったく知識がないとする。

[評価基準] 10 点満点のうち，

①　アメリカ人の Mike に説明する内容として適切か。（2 点）

②　内容。（語数や情報量が十分であるかも含む）（6 点）

③　正しい文法で書かれているか。（2 点）

Hi, Mike.
How are you doing? I'll answer your question about my junior high school life.

●例 14 ●表現の能力［過去のことについて正しく書くことができる］
（特定の時制を使って書かせる形式）

問：あなたが今朝起きてから家を出るまでのことを，次の条件で書きなさい。

[条件]

・5つの英文で書くこと。

・時間の流れがわかるように書くこと。そのうち2文以上は時刻も書くこと。

[評価基準] 15点満点のうち，

5つの文それぞれについて評価する。

① 内容が課題に合っている。

② 時間の流れがわかる。

③ 正しい文法にしたがって書かれている。

④ 綴りが正しい。

3点：すべての項目でほぼ満足できる英文である。

2点：3つの項目でほぼ満足できる英文である。

1点：2つの項目でほぼ満足できる英文である。

●例 15 ●表現の能力［現在完了形を使って正しく書くことができる］
（特定の文法事項を使って書かせる形式）

問：あなたは夏休みにホームステイする予定のカナダのホストファミリーに，自己紹介の手紙を書こうとしています。まず，どんなことを書こうかメモを取りました。そのメモを参考にして，下線部に英文を書き，手紙文を完成しなさい。

メモ

・自分の名前と年齢。

・3歳のときから東京に住んでいる。

・英語は好き。5年間勉強している。

・趣味は野球をすること。3年間野球部に入っている。

・カナダでたくさんのことを学びたい。

Dear Mr. and Mrs. Johnson,

Hello. I got your name and address last week. I'm very happy to know that I can stay with you and your family.

Let me introduce myself. My name is Kenji Honda. Please call me Ken. I'm 15 years old. ________________________ since I was three years old. I like English very much. ____. My hobby is playing baseball. ____________________________________. I want to learn a lot of things in

Canada.

I'm looking forward to seeing you soon.

[評価基準] 6点満点のうち，

3つの文それぞれについて評価する。

2点：文法にしたがって正しく書かれている。

1点：文法的に正しくないところがあるが，意味は通じる。

0点：文法的に正しくないところがあり，意味が十分に通じない。

第３章 実技テスト実施のための基礎知識

1 発表評価と面接評価

実際に英語を話す場面を設定して，生徒の能力や意欲を評価することを「**実技テスト**」と呼ぶことにします。本章では，この「実技テスト」の実施方法について述べます。「実技テスト」には，授業においてスピーチなどの発表活動を行わせている際に評価も同時に行うものと，評価のための時間を設定し，面接をして行うものの２種類が主に考えられます。本書では前者を「**発表評価**」，後者を「**面接評価**」と呼び，区別したいと思います。

「自己紹介」を例にとって，発表評価と面接評価の違いを説明します。活動評価では，授業で「自己紹介のスピーチ」を行わせる場合，スピーチをする際に評価も同時に行います。評価場所は当然すべての生徒がいる教室内となります。一方，面接評価では，生徒にある人物の情報が書かれたカードを見せ，その人物になったつもりで自己紹介をさせて評価します。評価場所は被験者以外の生徒のいない，別の部屋や廊下となります。評価規準の例を示すと，

発表評価：自分について，５つ以上の情報を聞き手に正確に伝えることができる。

面接評価：絵や日本語で書かれた情報を見て，その人物になったつもりで，５つ以上の情報を聞き手に正確に伝えることができる。

となります。この例の場合，発表評価では準備を行ってから自己紹介のスピーチを行うので，準備を入念に行ったかどうかが評価の良し悪しに関わります。一方，面接評価では，その場で得た情報に沿って話さなければならないので，話す能力をより客観的に評価することができます。発表評価と面接評価の長所と短所を，次にまとめてみます。

◎発表評価

長所
・評価されているので，手を抜かずに真剣に行う。
・発表に対し同時に評価も行うので，時間を有効に使える。

短所
・準備の入念さが結果（評価）に影響を及ぼすので，話す能力を純粋に評価できないことがある。
・発表する順番により，公平さを欠くことがある。

面接評価

長所	・準備や聞き手の反応など他の要素が入らないので信頼性が高い。 ・同時期に一斉に評価するので，公平さを保てる。
短所	・順番によりやや公平さに欠ける。 ・被験者以外の生徒の管理がしづらい。

実際には，面接評価を頻繁に行う時間が取れないので，発表評価と面接評価を組み合わせて評価していくのが現実的であると思います。

面接評価では，一人あたりに費やせる時間が制限されています。1クラス40名として，一人あたり1分間以内でなければ授業内で終了できなくなります。したがって，面接テストを計画する際は，クラスの人数に応じて，テスト内容や時間を考える必要があります。

2 音読テスト

(1) 音読指導と評価の効果

音読指導は話す力をつけるための基礎となる指導であり，日頃の授業で十分な時間を取って行うべきことです。音読指導を継続的に行うことで，次の効果が期待できます。

① 「発音に自信がある」→「自信をもって発表，発言する」(関心・意欲との関連)

② 何回か音読することでその英文に慣れる（覚える)。(表現の定着との関連)

③ 正しく音読できるものは聞き取ることもできる。(聞く力との関連)

(2) 評価規準例

学年や生徒の実態に合わせて段階的に指導したことを，評価規準として設定します。評価規準としては次の例が考えられます。

・個々の単語の発音が正しい。
・正しい強勢で音読できる。(word stress, sentence stress)
・正しいイントネーションで音読できる。
・英文を正しく区切って音読できる。
・音変化を意識して音読できる。
・適切なスピードで音読できる。
・適切なリズムで音読できる。
・適切な音量で音読できる。
・場面や心情に応じた音読ができる。

(3) 評価基準と総合評価の例

評価基準については現実的には次の3通りが考えられます。

① 個々の評価規準について，「できた(合格)」「できない（不合格)」の2段階で評価します。複数の評価規準を設けた際に有効です。

下の音読評価カード(さまざまな例を示すために，評価項目を多く設定しています)を利用した場合，評価の欄には合格または不合格がわかる記号を記入します。

例：合格→○　不合格→×　または，合格のみチェックする。

音読評価カード 氏名＿＿＿＿＿＿		
	評　価　項　目	評価
ア	適切な音量で読める	
イ	適切なスピードで読める	
ウ	正しい発音で読める	
エ	正しいイントネーションで読める	
オ	正しく区切って読める	

●評価基準例（合格の例）●

ア　聞き手に十分に聞こえる音量で読める。
イ　１分間に100語程度のスピードで読める。（教科書準拠CDのモデル音読のスピードに準じるという設定で，70語の英文を読ませるのであれば，42秒間で読み終わることになる。）
ウ　個々の単語の発音がおおむね満足できる。（全体を聞いて教師が判断することが一般的であるが，英文中の10の単語をあらかじめターゲットとしておき，７つ以上の単語について正しく発音できれば合格とする方法もある。）
エ　疑問詞疑問文とorを用いた文のイントネーションが正しい。
オ　文の区切り方がおおむね満足できる。（全体を聞いて教師が判断することが一般的であるが，区切って音読したほうが適切な５つの英文をあらかじめターゲットとしておき，４文以上正しく読めれば合格とする方法もある。）

○音読テストの総合評価●

個々の評価項目の評価を総合して，テストの総合評価を出します。
（上の例の場合）
　Ａ：５項目すべてが合格
　Ｂ：３～４項目が合格
　Ｃ：０～２項目が合格

②　個々の評価規準について，「十分に満足できるレベル」「おおむね満足できるレベル」「努力を要するレベル」の３段階で評価します。これは，観点別評価の３段階評価に対応させています。総合評価は，複数の評価規準を総合して行います。①で紹介した音読評価カードを利用する場合，評価の欄にはＡ，Ｂ，Ｃの記号を記入します。

●評価基準例●

ＡとＢの評価基準のみ示します。Ｂに至っていない場合はＣとなります。

ア　Ａ：聞き手を意識した，十分な音量で読んでいる。
　　Ｂ：聞き手に聞こえる音量だが，もう少し音量がほしい。
イ　Ａ：42秒前後で読める。（70語の英文）
　　Ｂ：多少速かったり，遅かったりするが，それほど不自然には感じない。
ウ　Ａ：ほぼすべての単語の発音が正しい。
　　Ｂ：少し誤りが見られるがおおむね正しい。
エ　Ａ：どの文においてもイントネーションが正しい。
　　Ｂ：少しイントネーションのあいまいなところがあるが，おおむね正しい。
オ　Ａ：ほぼすべての文の区切り方が正しい。
　　Ｂ：少しあいまいなところがあるが，おおむね正しい。

○音読テストの総合評価●

評価項目ごとの評価Aを2点，Bを1点，Cを0点に換算して合計します。合計点により，次のように総合評価を決定します。
(上の例の場合)
A：8点～10点　B：5点～7点
C：0点～4点

③　複数の評価規準を総合的に5段階（または10段階）の評価基準に細分化して評価します。評価する際は，教師が評価規準を頭に置きながら総合的に評価するので，評価が不安定となる可能性があります。

●評価基準例●

5段階で評価する場合
5：教科書準拠CDのモデル音読とほとんど同じように読める。
4：1つの評価項目で誤りがあるが，モデル音読に近いレベル
3：複数の評価項目で誤りがあるが，英文の内容が伝わるレベル
2：誤りが多く，テキストの内容の一部が伝わらないレベル
(教師が再度モデルを示すと修正（復唱）ができるレベル)
1：誤りが多く，テキストの内容がほとんど伝わらないレベル
(教師がモデルを示しても修正（復唱）ができないレベル)

○音読テストの総合評価●

(上の例の場合)
A：5　B：3または4
C：1または2

(4)　評価場面の設定例

次に，3つの評価場面（評価方法）の例を挙げ，それぞれに長所と短所を示します。

①　授業内の評価（発表評価）

音読の指導手順の中で，生徒個人に指導と評価を兼ねて音読をさせます。評価は主に日本人教師が行います。音読の指導手順については「第Ⅱ部　第1章」を参照してください。

長所・毎回の音読練習を真剣に行う。
短所・文章の長さや内容，行う時期が異なるために公平さに欠ける。

②　音読テストの実施（面接評価）

授業時間を音読テストにあてます。課題文（たとえば，教科書の1～2ページ）を一人ずつ音読させて，クラス全員を順次評価していきます。①で評価者が日本人教師である場合，②ではTTの時間を利用して，native speakerに評価してもらうと，より信頼性のある評価ができると思います。

長所・①と併用することで，信頼性が増す。
・同時期に一斉に評価できる。
短所・順番によりやや公平さに欠ける。（後ろの順番のほう

　　が練習量が多くなる可能性
　　がある。）
・native speaker との TT のシステムがあるかによる。（native speaker に評価してもらう場合）
・被験者以外の生徒の管理がしづらい。（日本人教師が評価する場合）

③　テープ録音

テープに課題文を録音させ，評価します。授業内に LL やミニテープレコーダーなどを用いて一斉に録音させる場合と，家庭で録音した物を提出させる場合が考えられます。

長所
・①と併用することで信頼性が増す。
・一斉に録音できるので，公平さが保てる。
・自分が納得するまで録音を行うので，自己評価を常に行ったり，練習を行ったりする良い機会となる。

短所
・機材が揃っていない。（LL の設備，ミニテープレコーダーの数）
・学校で行わせる場合は良いが，自宅で行わせる場合は本人以外が音読することがあり得る。（冗談みたいな話だが，私の経験では実際にあった。）
・あとの評価（テープを聞くこと）に時間を取られる。

3　「話すこと」の面接評価

(1)　実施形式

面接評価は，次の〈分類Ⅰ〉と〈分類Ⅱ〉を組み合わせて行います。

分類Ⅰ：情報源

ア　絵，表，地図などの視覚情報を用いる例
・絵の中の人物について，現在進行形を用いて描写する。
・２枚の絵の違いについて説明する。
・表（「好きなスポーツ」をインタビュー調査した結果）を見て，表からわかることを説明する。（比較の文を用いる）
・地図を見て，指定した場所へ道案内を行う。

イ　音声情報を用いる例（試験官が口頭で情報を伝える）
・試験官が質問し，それに対して２文以上で答える。
・試験官と１分間会話を行う。

ウ　文字情報を用いる例
・ある人物について書かれたカードを見て，その人物になったつもりで自己紹介をする。
・買い物の場面で，店員とお客の役を演じさせ，タスクカードに書かれていることを達成する。（「値段をたずねる」「赤いシャツをすすめる」など）

エ　複数の情報を用いる例
・ある人物のイラストと紹介文が書かれたカードを見て，その人物の紹介を行う。

■分類Ⅱ：試験官（教師）と被験者（生徒）の関係

ア　試験官が被験者とやり取りを行いながら，評価も同時に行う。

イ　被験者同士のペアあるいはグループでやり取りを行わせているのを，試験官が評価する。

ウ　試験官と被験者がやり取りを行っているのを，別の試験官が評価する。（TT）

(2) 評価規準と評価基準

①　評価規準

ア　観点別

「話すこと」の実技テストが，すべて「表現の能力」を評価するものとは限りません。観点別の評価例をいくつか示します。

「コミュニケーションへの関心・意欲・態度」を評価する例

- 取り組みの姿勢。（多くの情報量を伝えようとしている）

「表現の能力」を評価する例

- 相手の質問に適切に応答している。（適切さ）
- 正しい文法や音声で応答している。（正確さ）

「言語や文化についての知識・理解」を評価する例

- 現在進行形の文を使って，正しく絵を描写している。（この場合，現在進行形の文構造の正しさのみに焦点をあてて評価します）

イ　評価規準の設定

評価規準はなるべく具体的に設定します。たとえば，「初歩的な英語を使って自己紹介ができる。」という評価規準は少しあいまいです。したがって，「自分について，5つ以上の情報を聞き手に正確に伝えることができる。」と直します。また，評価規準の数は欲張らないようにします。このことはペーパーテストの大問作成と同じです。たとえば，「〇〇について正しい文法・正しい発音で聞き手に伝えることができる。」ことを評価するのなら，「文法」「発音」それぞれに分けた2つのテストを実施するのが理想です。しかし，現実には実技テストのために多くの時間を割けないことから，評価するのに無理がなければ，複数の評価規準を設けて実施するのも仕方ないと考えます。

ウ　評価規準の例

〈コミュニケーションへの関心・意欲・態度〉

- 言い換えやつなぎ言葉などの会話技術を用いて，会話を継続させようとしている。
- 積極的に自分の考えなどを話そうとしている。

〈表現の能力〉

- 絵の違いを聞き手に正確に伝えることができる。
- 質問に対し，2文以上の情報で適切に応答することができる。

〈言語や文化についての知識・理解〉

- 場面や状況にふさわしい英語表現を知っている。
- 未来表現を使って，正しく予定を話すことができる。

②　評価基準

実際のテスト例の中で，評価基準の設定方法を説明します。

評価規準：ある人物について，５つ以上の情報を聞き手に正確に伝えることができる。(表現の能力)

評価方法：ある人物のイラストとその人物の情報（6つ用意する）が，日本語で書かれたカードを見て，その人物の紹介を聞き手（先生）に行う。ただし，制限時間は１分間とする。

評価項目：

ア　情報量

イ　正確さ

評価基準：

ア　情報量　理解できる情報１つにつき１点（合計５点）

A：理解できる情報を４つ以上言っている。

B：理解できる情報を２～３つ言っている。

C：理解できる情報を０～１つ言っている。

イ　正確さ　「主語＋動詞」の語順がほぼできていて１点，他の語句（前置詞や冠詞など）の使い方がほぼできていて１点（合計２点）

A：２点　　B：１点　　C：０点

このテストの場合，２つの評価項目を設けたので，別々の評価基準を設けました。アの「情報量」の比重（重みつけ）を大きくし，次のようにこのテストの総合評価を決定します。

A・A → A	A・B → A
B・A → B	A・C → B
C・A → B	B・C → B
C・B → C	C・C → C

なお，発表評価の例については「第II部第２章　学期ごとの実践例」で述べますので，そちらを参照してください。

第4章 評価実践アラカルト

1 はじめに

第1章で示した学期ごとの到達目標には，「観察」「活動（チャット）の評価」「ペーパーテスト」などの評価方法も付加しました。その中の「ペーパーテスト」については第2章で，「実技テスト」については第3章で説明しました。また，各コミュニケーション活動の評価方法については第Ⅱ部で説明しています。本章では，これら以外の評価の方法について述べることにします。

2 「コミュニケーションへの関心・意欲・態度」をどう評価するか

情意面についての評価には困難さを感じています。これまでさまざまな評価方法が紹介され，私もいくつか実行してみましたが，自分の評価に自信はもてませんでした。私は生徒によく「英語は音楽や体育の授業と同じだから，自己アピールをするつもりで反応したり活動を一生懸命したりしないとダメだよ。」というようなことを言いました。情意面は，外に表れたことでなければ，なかなか評価できないからです。また，10くらいの項目からなるチェックリストを手にして，生徒を観察したこともありましたが，すぐにやめてしまいました。1クラス40名の一人ひとりのチェックをするのは大変ですし，指導のほうがおろそかになっている気がしたからです。また，観点別評価が導入された頃に，「あなたは外国人講師に，教室や廊下で積極的に話しかけていますか」「英語に関するテレビやラジオを積極的に見たり聞いたりしていますか」などのアンケート調査で，この観点を評価しようとする例を見かけました。動機づけには良いかもしれませんが，まったく無責任な評価方法であると感じました。

では，私が「コミュニケーションへの関心・意欲・態度」の評価をどう行っているのか紹介します。私は授業そのものが，教師と生徒のコミュニケーションで成り立っていると考えています。授業の80％程度は英語で行っており，生徒とのインタラクションを大切にしています。また，第Ⅱ部で示すように，さまざまなコミュニケーション活動を授業の中に取り入れています。ここでは，生徒同士のインタラクションが行われています。このような授業でなければ，「コミュニケーションへの関心・意欲・態度」は評価できないと考えます。この観点を評価するための最低条件は，「英語を使う場面を設ける」ことです。しかし，単元や学期という短い期間の中で，『参考資料』で示された「内容のまとまり」ごとの２つの評価規準（「言語活動への取り組み」「コミュニケーションの継続」）について，複数回も評価する機会がもてるとは思えませんし，もとうとも思っていません。これらは，その学期や単元で行う言語活動に関わるからです。無理に２つの評価規準の設定を行わずに，１年間の指導計画の中で，評価するのに適した場面で行おうと考えています。

私は，以下のような行動や態度が見られたときに，評価帳（教務手帳を使用しています）の該当生徒の欄に，授業のあとに「正」の字でチェックをしています。１つでもチェックがあればＢであり，チェックの数が多ければ「常に認められる」と見なし，Ａの評価を行っています。また，どの場面で評価するのかも，あらかじめ決めています。

聞くこと

（言語活動への取り組み）

- 教師が行う英語による説明（本文の内容や言語材料の導入など）や質問を聞き取ろうとしている。人の話は目を見て聞くこと，またうなずくなどの「聞いていますよ」というサインを送ることが，コミュニケーションを図る上で大切であることを，普段から指導しておく。
- インタビュー，チャット，スピーチなどの活動で，相手の目を見て話の内容を聞き取ろうとしている。
- インタビュー活動やchat & reportにおいて，相手の話したことについてメモを取ろうとしている。
- ディベートやスピーチにおいて，聞いたことについて意見や感想を述べようとしている。

（コミュニケーションの継続）

- チャットにおいて，相づちを打ちながら相手の話を聞いている。
- チャットにおいて，指導したreaction wordsを意識して使っている。
- スピーチ，スキットなどの活動において，また教師の話す英語を聞いて，足りない情報や知りたい情報について質問しようとしている。

話すこと

（言語活動への取り組み）

- 英語によるあいさつを大きな声で行っている。
- 教師の英語による質問に，積極的に応答しようとしている。
- インタビュー活動などで，クラスメイトに積極的に話しかけている。
- チャットやスピーチなどの活動において，習った英語を積極的に使おうとしている。
- “Thank you.” “Here you are.” などの慣用表現を，授業中に積極的に使っている。
- ペアワークやグループワークのタスク達成活動において，協力し合っている。
- 聞いたり読んだりしたことに，自分の意見や感想を述べようとしている。

（コミュニケーションの継続）

- チャットやスピーチなどの活動において，できるだけ多くの情報を聞き手に与えようとしている。
- reporting活動において，第三者に自分の知り得た情報をできるだけ多く伝えようとしている。
- Explanation Game，チャット，ディベートなどにおいて，わからない語句や表現があっても，別の語句や表現に言い換えたり，説明したりしている。

- チャットにおいて，相手に質問したり情報を与えたりして，会話を続けようとしている。
- チャットにおいて，不自然な沈黙を避けるために，指導したfillerを使おうとしている。
- 意見を述べる活動の際，相手に自分の意見を理解してもらうために，理由を添えて述べようとしている。

読むこと

（言語活動への取り組み）

- 必要に応じてアンダーラインを引きながら読んでいる。（机間巡視をして観察）
- 読んだ英文の感想を述べようとしている。
- 辞書指導を行ったあとで，教科書や教材の未知語を辞書で調べようとしている。（机間巡視をして観察）

（コミュニケーションの継続）

- まとまった英文を読む活動において，わからない語句があっても教科書の語いリストや辞書などを利用しないで，推測しながら読み続けている。

書くこと

（言語活動への取り組み）

- 書くことの活動やテストにおいて，多くの情報を書こうとしている。
- ペアワークやグループワークのタスク達成活動において，協力し合っている。
- 日記の課題で，その日にあったことをできるだけ書こうとしている。
- 習った英語を積極的に使おうとしている。
- 読み手のことを考え，読みやすい字で書こうとしている。
- チャットやインタビュー活動のレポートを書く際，知っている情報をなるべく書こうとしている。

（コミュニケーションの継続）

- 和英辞典などを活用して，スピーチやスキットなどの原稿を書こうとしている。
- 表現できないところがあっても，知っている語句や表現を用いて書こうとしている。
- スピーチやスキットの原稿を書く際，聞き手を意識して書こうとしている。

3 自己目標の設定

私は各学期における評価の流れを（表1）のように考えています。学期のはじめに，その学期で行う主な指導内容や活動，評価のポイントを説明したあと，特にがんばりたいことを各自で3つずつ設定させ，配付した用紙に記入させています。この用紙は私が保管し，学期の終わりに自己評価を行う際に生徒に返し，その学期の目標が達成できたか反省するための材料にさせています。また，3つの目標を教科書やノートの裏表紙に書かせて，常に意識させるようにもしています。

生徒の設定する目標は多種多様ですが，よく見かける目標は，「スピーチをがんばる」「チャットで会話が続くようにする」「先生の質問に積極的に答える」「単語テストで常に満点を取る」「定期テストの勉強をがんばり，80点以上取る」など，活動やテストに関することが多いようです。学期の終わりに，『アドバイス・カード』と名づけている補助成績カードを生徒一人ひとりに渡しているので，そこに書いたアドバイスや諸活動の評価を参考にして，目標を設定していると思われます。

学期の終わりに行う自己評価は，評定（通

信簿）を渡す前の最後の授業で一斉に行うのですが，通信簿やアドバイス・カードを見たあと，各自で自己評価を行うことを期待して，本図では「自己評価」を最後に置いています。

(表1)

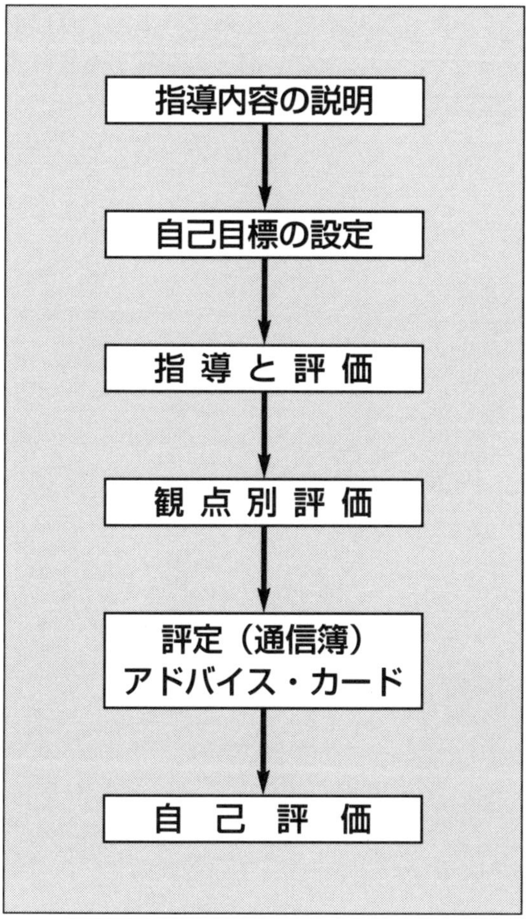

4 学期末に行う自己評価の効果

ここで扱う自己評価は，個々の活動やその日の授業に対するものではなく，学期末に行う自己評価です。学期末に行う自己評価は，次の効果が考えられます。

・その学期で行ったさまざまな活動を思い出させ，振り返させることができる。
・その学期の反省を，総括的に行わせることができる。
・生徒に，教師がどんなことを期待しているのか，再認識させることができる。
・次の学期の目標を設定するための材料にさせることができる。
・多くの具体的な評価項目を設定することで，しっかりとした反省を行わせることができる。
・生徒が評価項目に書かれていることについて，意識をもって授業に臨むようになる。
・教師は，個々の生徒のがんばった点を把握することができる。

「自己評価表（資料1：p.47）」の説明を行います。評価項目は25項目で，私が授業や家庭で意識して行ってほしいことを設定しています。その学期に行った活動や指導内容により，いくつかの評価項目を学期ごとにかえるようにしています。それぞれの項目を4段階で評価させていますが，「ふつう」「どちらでもない」というあいまいな評価はさせずに，「良い」か「努力が必要」のどちらかで評価させるようにしています。全項目の評価を終えたら，**A**を4点，**B**を3点，**C**を1点，**D**を0点として，25項目すべてを加算させています。すべて**A**なら100点満点となるのですが，合計点数をその学期の「がんばり度」として，生徒に意識させるようにしています。その学期の総括を点数化することで，生徒はわかりやすい形で捉えることができるようです。この点数は学期ごとに，「1 学期　72 点」のように教科書の裏表紙に記入させています。2 学期，3 学期と学期が進むにしたがって，がんばり度がどう変化しているかを見ることで，授業や英語の学習に対する姿勢を反省する機会となっています。

この自己評価用紙の裏に，「その学期でがんばったところ」「努力が必要なところ」「授業の感想」「先生に望むこと」などを書かせています。記号や点数だけで自己評価を行わせるのではなく，書くことでその学期の反省をさせると，教師が設定した項目以外の面が見えてきます。また，「授業の感想」や「先生に望むこと」は，私にとってかなり役立っています。その学期に行った指導や活動に対する生徒の生の声（＝評価）が聞こえてくるので，これらを参考にして指導方法を改善することがあります。また，評判の良かった指導方法や活動については，次学期や次年度以降にも取り入れるようにしています。

こうした自己評価は，評定のための評価材料には一切していません。あくまで生徒の動機づけのために行っています。私は，自己評価を，評定を決定する際の材料とすることには反対です。評定に関わる評価は，あくまで教師が行うべきです。ただし，『アドバイス・カード』のアドバイス欄を書く際には，この自己評価表を点検し，個々の生徒の書いた反省などに対して，適切なアドバイスをするための資料として活用しています。

いくつかの項目において，生徒の自己評価と私の行った評価とが一致していないことがよくあります。生徒は自分については厳しく評価する傾向があるので，私の評価より低く評価していることが多いようです。もちろんその逆もあります。裏に書いてある反省を読むと，ほとんどの生徒が前学期と比較して評価を行っており，「1 学期よりもスピーチの準備をがんばった。」「1 学期のほうが積極的に手を上げていた。3 学期はもっとがんばる。」などの記述がよく見られます。自己評価を行わせることで，個々の生徒のさまざまな面が見えてきます。

（資料１）この学期の自己評価をしてみよう！

１年＿＿組＿＿番　氏名＿＿＿＿＿＿＿＿＿＿

今学期の英語の授業への取り組みを自己評価しよう。あてはまるところを○で囲もう！

Ａ：がんばっている　Ｂ：まあまあ　Ｃ：もう少しかな　Ｄ：ダメかな

≪授業中≫

①	チャイムが鳴り終わるまでに席についている。	Ａ・Ｂ・Ｃ・Ｄ
②	大きな声であいさつをしている。	Ａ・Ｂ・Ｃ・Ｄ
③	ビンゴ・ゲームに楽しみながら参加している。	Ａ・Ｂ・Ｃ・Ｄ
④	スピーチは満足できる発表ができた。	Ａ・Ｂ・Ｃ・Ｄ
⑤	スピーチのあとの質問を積極的に行った。	Ａ・Ｂ・Ｃ・Ｄ
⑥	チャットでは先生の教えたことを意識して行おうとした。	Ａ・Ｂ・Ｃ・Ｄ
⑦	先生やCDの英語を聞き取ろうとしている。	Ａ・Ｂ・Ｃ・Ｄ
⑧	CDや先生の発音を真似て音読しようとしている。	Ａ・Ｂ・Ｃ・Ｄ
⑨	先生の質問に積極的に応答しようとしている。	Ａ・Ｂ・Ｃ・Ｄ
⑩	隣の人やクラスの誰とでも仲よく練習できる。	Ａ・Ｂ・Ｃ・Ｄ
⑪	英語を使った活動では英語を省略していない。	Ａ・Ｂ・Ｃ・Ｄ
⑫	相手の目を見て話そうとしている。	Ａ・Ｂ・Ｃ・Ｄ
⑬	習った英語を積極的に使おうとしている。	Ａ・Ｂ・Ｃ・Ｄ
⑭	勉強道具や宿題を忘れない。	Ａ・Ｂ・Ｃ・Ｄ
⑮	よけいなおしゃべりをしないで授業に集中している。	Ａ・Ｂ・Ｃ・Ｄ
⑯	先生の指示にしたがって学習している。	Ａ・Ｂ・Ｃ・Ｄ
⑰	楽しみながら授業を受けている。	Ａ・Ｂ・Ｃ・Ｄ

≪家　庭≫

①	教科書の音読練習を行っている。	Ａ・Ｂ・Ｃ・Ｄ
②	ビンゴの記入をしっかり行っている。	Ａ・Ｂ・Ｃ・Ｄ
③	教科書の本文を２回以上ノートに写している。	Ａ・Ｂ・Ｃ・Ｄ
④	スピーチの準備や練習をしっかりと行った。	Ａ・Ｂ・Ｃ・Ｄ
⑤	小テストや単元テストに向けてしっかり勉強した。	Ａ・Ｂ・Ｃ・Ｄ
⑥	定期テストに向けてしっかり勉強した。	Ａ・Ｂ・Ｃ・Ｄ
⑦	ワークブックの学習をしっかり行った。	Ａ・Ｂ・Ｃ・Ｄ
⑧	自分なりに英語の勉強をしている。	Ａ・Ｂ・Ｃ・Ｄ

【あなたの今学期のがんばり度は？】

Ａ：４点　Ｂ：３点　Ｃ：１点　Ｄ：０点　で全項目を合計してみよう！

今学期のあなたは・・・・・・・・・・・　　　　点／100点

(資料２) アドバイス・カード

ADVICE CARD　－１年２学期－

１年＿＿組＿＿番　氏名＿＿＿＿＿＿＿＿

評価項目		評価する主な内容	評　価
同右	コミュニケーションへの関心・意欲・態度	・先生の質問に積極的に答えようとしている。 ・覚えた英語を積極的に使おうとしている。 ・英語を使った活動を一生懸命行っている。	A・B・C
表現の能力	実技テスト	・質問に対して２文以上で応答できる。	A・B・C
	音読	・授業中と学期末に行った音読テストの総合評価	A・B・C
	スキット	・スキットの評価	A・B・C
	書くこと	・テストの結果と授業中に行った「外国の友達に自己紹介の手紙を書こう」の評価	A・B・C
理解の能力	聞くこと	・リスニングテストの結果	A・B・C
	読むこと	・テストの結果	A・B・C
知識・理解	フォニックス	・音と文字の関係についての知識があるか，テストの結果	A・B・C
	単語を書く力	・小テスト，単元テストの結果	A・B・C
	文法	・小テスト，単元テストの結果	A・B・C
学習態度	学習への取り組み	・授業中，集中している。友達と私語をしない。 ・ビンゴの記入を忘れない。 ・宿題を行ってきている。 ・チャイムが鳴り終わるまでに着席している。	A・B・C

先生からのアドバイス

5 『アドバイス・カード』のすすめ

学期の終わりに「通信簿」により，観点別評価と評定を保護者や生徒に知らせますが，このときに『アドバイス・カード』と名づけた補助成績カード（資料2：p.48）を各生徒に渡しています。約12年前にこれを始めたきっかけは，評価の内容をもっと詳しく生徒や保護者に理解してもらおうと思ったからです。5段階の評定や3段階の観点別評価で評価されても，どんな評価項目があって，どう評価されているのか見えてきません。もちろん，絶対評価が導入され，その学期の主な指導内容，評価規準などは学期のはじめや終わりに知らせているので，評価材料は何であるのか理解できるでしょう。しかし，生徒にとってみれば，スピーチや音読テストなど，個々の活動や実技テストでどのような評価をされたのか示されるほうが，表現の能力がBとか，理解の能力がAとか評価されるよりわかりやすいと思うのです。

『アドバイス・カード』の内容は，その学期で行った主な活動やテストなどで，3段階の評価（A，B，C）で表しています。また，「アドバイス欄」には，個々の生徒の努力した点や伸びた点を書いたり，次に何をどう努力したら良いのかを書いたりしています。

これを行うようになってから，生徒の授業における意欲や態度がはっきりと変わりました。下の年賀状（資料3）は7年前に生徒からもらった物です。『アドバイス・カード』を学期末の忙しいときに生徒全員に書くのは大変です。かなりの労力と時間がかかります。しかし，このようなはがきを生徒からもらうと，私もがんばらなければという気持ちにさせられます。また，私自身の姿勢も変わりました。生徒一人ひとりを，以前よりもっとよく見るようになりました。

（資料3）

あけまして　おめでとう　ございます

去年は私にとって本多先生はとてもいい影響をあたえてくれて，とても大事な存在でした。
2年生になって英語が大好きになりました。
1学期は期末の何日か前に私が入院することになってしまい，スピーチとかも出来ず本当に残念でした。
1学期のアドバイスカードに「とてもよくがんばりました。期末テストの頃の病気は仕方ありません。2学期はその分がんばって下さい」という言葉が書いてあるのを見た時は，2学期は絶対にがんばろうと思いました。私なりに2学期はがんばれたと思います。英語の授業はとても楽しくていつも英語の授業のある日は楽しみにしています。1年の始めの頃は授業中も自信がなくてはずかしくて大きい声を出したりできませんでした。でも本多先生の授業を受けているうちにはずかしいとかいうのはもうなくなりました。今では授業で英語を話したりするのがとても楽しいです。私がとてもうれしかったことは，2学期のスキットです。先生からスキットがあると聞いた時，絶対にがんばろうと思いました。内容を考える時とかも"やっぱこの内容じゃダメかな？"などと思ってしまい，何回も考え直しました。本番ではちょっとミスとかもあったけど一生懸命やったのでいい結果が出せて，がんばってよかったなと，とてもうれしかったです。先生の「こんなにがんばったスキットは今まで見たことがない」と書いてあったのは本当にうれしかったです。今年も色々な事に一生懸命取り組んでいくのでお願いいたします。

この『アドバイス・カード』の中で，「学習への取り組み」という項目を設定しています。授業態度や提出物に関わることです。私は「学習への取り組み」を評価することは，とても大切であると考えています。中学校においては，「チャイム着席」「提出物」「忘れ物」「話をしている人をしっかり見ること」「教師の指示にしたがって活動を行うこと」などは，早い段階からしっかりとしつけなければならないことです。このしつけに失敗すると，どんなにおもしろく，生徒の力になる活動を取り入れても成り立たなくなるからです。したがって，観点別評価には入らないこの項目を『アドバイス・カード』の中で評価することにしたのです。

絶対評価が導入され，通信簿に各教科の所見を書く欄が設けられている学校もあるかと思います。私は，各教科の特性に合った補助成績表を各教科で，または各教師で作成したほうが良いと考えています。この『アドバイス・カード』は改良を加えながら，教師生活を終えるまで書き続けるつもりでいます。

6 生徒個々でチェックしていく『目標達成カード』

学期や単元で生徒に身につけてもらいたい力や，活動を行うにあたって意識してもらいたいことをあらかじめ生徒に示して，各項目がクリアできたら生徒自身でチェックしていく『目標達成カード（資料４：p.51）』が，目標に準拠した評価には有効です。単元ごとに作成するのでも良いし，定期テストまでの単元や活動をまとめて作成するのでも良いでしょう。設定項目はあまり細かくしないで，10くらいの項目を設定します。また，生徒にわかりやすい表現で書くことも大切です。まだ教えていないことが中心なので，「現在完了の形が理解できた」のように文法用語を使うのではなく，「『～したことがある』の文の形を覚えた」のように書くようにします。また，自己目標を３つまで設定させて，一緒に書かせるようにしています。

このカードはファイル（私は各生徒に，レバーファイルを教材費で購入してもたせています）にはさませて，予定日に回収し，生徒の各項目の達成度を点検し，指導に活かしています。

（資料４）目標達成カード（No.1）

2年＿＿組＿＿番　氏名＿＿＿＿＿＿＿＿＿＿

このカードはファイルにしまっておいて，自分が「達成できた」と感じたらチェックしましょう。１～３は，自分で目標を設定して書きましょう。

【範　　囲】教科書 p.21 まで
【回収予定日】5月20日（中間テストの日）
【主 な 活 動】チャット

達成目標

	達　成　目　標	✔	達成日
①	is, am, are の過去形を覚えた。		／
②	「～していた」という文の形を覚えた。		／
③	家の人が昨日何をしていたか2文以上言ったり書いたりできる。		／
④	「…に～があります」の文の形を覚えた。		／
⑤	自分の家や学校にある物を5文以上言ったり書いたりできる。		／
⑥	予定や未来のことを表す表現を2つ覚えた。		／
⑦	明日行うことを2文以上言ったり書いたりできる。		／
⑧	味や香りについての表現を5つ以上言える。		／
⑨	チャットで過去のことを相手に少し言えるようになった。		／
⑩	ゴールデンウィークに英語の日記を毎日きちんと書いた。		／
1			／
2			／
3			／

自由記入欄

第Ⅱ部

実践的コミュニケーション能力を育成する指導実践

第1章 授業の基礎・基本

1 授業時数を数えてみてください

27 ÷ 15

この数式は平成14年度1学期のあることを計算したものですが，数字が何を表したものかおわかりになりますか。27は本校3年生の1学期の授業時数で，15は週の数です。この数式の答えは1.8となります。したがって，本校の3年生は週1.8時間しか授業を受けなかったことになります。授業のコマが月曜日にあったこと（休日や土曜日に行った行事の振り替え日）と，修学旅行や運動会などの行事が授業日に当たっていたことから数時間分の授業が削られました。約20名の知り合いの英語教師に授業時数を数えてもらいましたが，一番少ないクラスで26時間，一番多いクラスで38時間，平均では32時間程度でした。英語の授業時数が週3時間となり，年間では，実質90時間程度（最も少ない学校では75時間程度）となっています。この授業数はかなり深刻な問題です。平成13年度まで，ほとんどの学校が英語の授業を週あたりの授業時数4時間で設定していました。教科書の分量が少しばかり減ったとはいえ，授業が週1コマ減ったことで，今までゆとりをもって教えていたことが教えられなくなったはずです。教科書を終えることができないという悲鳴がよく聞こえてきます。また，学力低下の心配もあります。週5日制において，週に3時間しか授業がないのは，実に厳しい状況であると実感させられました。

2 授業のスリム化と実践的コミュニケーション能力の育成

授業進度が遅れている場合，次のことに該当しているかどうか省みてください。

ア　どの単元も同じような指導手順で教えている。
イ　教科書に載っているどの活動も行っている。
ウ　ゲームにかなりの時間を費やすことがある。
エ　おもしろいという理由だけで取り入れている活動がある。
オ　授業の最初にウォームアップとしていくつかの活動を取り入れている。
カ　同じような目的をもった活動を連続して行うことがよくある。
キ　生徒を1人ずつ指名し，1文ずつ和訳を言わせている。
ク　板書したことをよくノートに写させている。
ケ　チャイムが鳴ってから教室に向かうことがよくある。

授業数が減ったことにより考えなければならないことの１つが，教科書の単元により軽重をつけることです。どの単元も同じように時間をかけて教える必要はありません。年間指導計画を作成する際に，まず全体（教科書１学年分）を把握し，次に「この単元は言語材料を押さえるだけにしよう」「この単元は十分な活動時間を確保しておこう」などと軽重をつけます。

また，授業のスリム化も大切です。授業のスリム化とは適切な授業構成のことです。無駄な時間を省き，効果的な指導ができる授業構成を考えます。私は授業を拝見する機会が多いのですが，何のためにその活動を行うのか目的が明確でなかったり，同じような目的で同じような難易度の活動が２つ以上連続して行われていたり，前の活動とあとの活動との関連が見えなかったりすることがよくあります。目的を考え，その目的に合った活動を取り入れることと，連続する活動間は関連性をもたせることが授業を構成する上での大切な要素です。また，他にもっと良い方法（活動）がないか考えることも大切です。時間をかけずにより効果的にできる活動があるかもしれません。こうした知識は研修量と経験の差にもよります。さまざまな活動の種類や指導方法を知っている教師ほど，短い時間で目的に合った効果的な活動を行うものです。もちろん，遊び心をもった活動を授業に取り入れることも大切です。50分間ずっと緊張が続く授業や，メリハリのない授業は良い授業とは言えません。要はバランスの問題です。

また，チャイムが鳴ってから教室に向かったり，板書をノートに写させるのに時間をかけたりするのは時間を有効に使っているとは言えません。板書を写させることにはそれなりの意義がありますが，時間がかかる場合はプリントを用意したいものです。５分間もあれば活動の１つもできるはずです。50分間しかない授業時間です。ぜひとも有効に使いたいものです。

では，授業進度がちょうど，または進んでいる場合，次のことに該当しているかどうか省みてください。

ア　教科書を使用しないで，文法事項の説明と活動ばかり行うことが多い。
イ　教科書の「話す活動」や「書く活動」をほとんど行わない。
ウ　音読指導をほとんど行わない。
エ　スピーチやインタビュー活動などのコミュニケーション活動をほとんど取り入れていない。
オ　授業が日本語による講義型となることが多い。
カ　reading 教材は飛ばすか，または，軽く扱う。
キ　言語材料のドリル学習（口頭でも書かせて行うものでも）をほとんど行わない。
ク　テープレコーダー類をほとんど利用しない。
ケ　インタビューテストなどで「話すこと」の評価をほとんど行わない。

授業時数が減ったことにより，音読指導やコミュニケーション活動を行わなかったり，教科書を雑に扱ったりしては，実践的コミュニケーション能力を育てることはできません。何をどう指導するのか，その優先順位のつけ方が大切になります。適切な計画を立て，バランスの取れた授業構成や指導を行っていて進度が進んでいるなら良いのですが，上記の項目に複数当てはまるようなら授業を改善する必要があります。実践的コミュニケーション能力を身につけさせるためには，さまざまな指導を行う必要があります。教師によりその優先順位は異なるかもしれませんが，身につけさせようと思いながら授業を行うのと，取りあえず授業を行うのでは大きな違いがあります。身につけさせようと思うことでその目的に合った指導内容や指導方法を考えるはずだからです。

進度を進ませる最良の方法は，教科書で扱われている言語材料の説明を日本語で行い，その単元を済ませることです。新出語句，文法事項，英文の意味の説明だけ行えば，1～2時間もあれば1つの単元を終わらせることができます。しかし，教科書の単元を扱ったというだけで，生徒の力はほとんどつけられないでしょう。英語を自分で考えて使う機会を生徒に与えることが大切であると先に述べました。しかし，その前には十分なドリル活動を行わせる必要があります。パターン・プラクティスが一世代前に流行しましたが，これは今でも通用する有効な指導方法の1つです。音読指導にも十分な時間を取りたいものです。語い力や文法の知識も大切です。こうした基礎的なことを大切にしないと，英語を自分で考えて使えるようには決してなりません。

授業時数は減っても，実践的コミュニケーション能力を育成するための活動はぜひとも取り入れたいものです。「第1章　指導計画の作成」では，『イベント活動』について提案しました。提案があと1つあります。それは授業のはじめの10～15分間を『コミュニケーション・タイム』と位置づけ，スピーチ，チャット，スキット，リスニング訓練など，実践的コミュニケーション能力育成のための活動の時間とすることです。

授業の構成は教師により異なります。自分なりの授業フォーマットを持つ必要があります。授業ごとに構成が変わるのでは，教師も生徒も混乱してしまうからです。

私は次のような4つのパートから成る授業フォーマットを基本として，授業を行っています。

A　コミュニケーション・タイム（10～15分間）

1．あいさつ（生徒との簡単な会話）
2．ビンゴゲーム
3．コミュニケーション活動

B　復習（15分間）

1．前時の文法事項の確認および復習
2．前時の教材（教科書の本文）についての復習
3．音読練習（音読テストを兼ねる）
4．関連した言語活動

C　新言語材料の導入および音読（20分間）

1．新出文法事項の導入
2．新出文法事項のドリル（文法事項や導入の方法により位置は異なる）
3．教科書本文の導入
4．説明
5．新出語句の発音
6．音読練習

D　本時のまとめ（3分間）

上記の授業フォーマットはあくまで基本な

ので，言語材料の軽重や前時の状況により変更します。たとえば，言語材料を定着させるのに時間がかかりそうなら，Bのあとで言語材料に関わる活動の時間を多く設定し，Cは行いません。Cの中で，新出文法事項の導入を先に行わないで，教科書本文の導入の際に一緒に行う場合もあります。生徒の理解度や言語材料・教材などの内容によって，Bを膨らませたり，Cを膨らませたりするのです。この授業フォーマットは実にシンプルなものです。Aの『コミュニケーション・タイム』を除けばよくある構成です。さまざまな英語習得理論があり，これらを基にした授業構成がいくつかありますが，40名の生徒を教室内で指導するのに有効な授業構成は，それほど大きな違いをつけられるとは思えません。ちなみに私の授業フォーマットは，ELECのサマープログラムで教えていただいたものを基に，自分なりに改良（改悪かもしれませんが）したものです。研修会などで出会ったすばらしい指導をする先生の授業フォーマットをまねて，しかし，自分なりの授業フォーマットを何年間かかけて作ると良いかもしれません。

では，各パートでどんな指導を行っているのか，次項以降で詳しく説明します。

3　新言語材料の導入

(1)　オーラル・イントロダクションによる導入

AからDまで，授業の時間軸に沿って説明するより，言語材料を導入してから定着させるまでの時間軸に沿って説明するほうがわかりやすいと思うので，はじめに「**C　新言語材料の導入および音読**」のパートのうち，新言語材料の導入について説明します。本書で述べる導入については予習を前提としない方法となります。

教科書に沿って指導する場合，通常次の３つの新出事項を導入することになります。

- 文法事項
- 新出語句および慣用表現
- 本文の内容

導入方法はいろいろとありますが，実践的コミュニケーション能力を育成するためには，英語を聞かせて理解させる（導入する）方法を採りたいものです。この方法の１つが**オーラル・イントロダクション**（Oral Introduction）です。教師が一方的に話すのではなく，生徒との英語のやりとりを大切にしながら導入することを**オーラル・インタラクション**（Oral Interaction）と呼んで区別する人もいます。

私の授業フォーマットでは，［１．新出文法事項の導入→２．新出文法事項のドリル→３．教科書本文の導入］のように，新出文法事項を理解させてから教科書本文の導入をすることを基本としていますが，導入しようとする教科書の内容によって，この手順は変えています。新出文法を導入しないと本文の内容が理解できそうもないときは，この手順にしたがって導入しますが，新出文法事項が生徒にとって容易に理解できる，または内容理解を優先させたい場合は，本文を中心に導入し，その途中で，またはそのあとで新出文法を説明することもあります。言語材料をよく研究し，どの手順が生徒にとって最も理解しやすいのかを選択します。

導入の段階で，生徒に「文法事項」「新出語句および慣用表現」「本文の内容」すべてを理解させ，定着させようとする必要はありません。あくまで導入なので,「本文の内容」なら,話の概略を理解させる程度でかまいません。

では，オーラル・イントロダクションによる導入を考える際の手順を説明します。

① 導入教材の研究

新出文法事項や新出語句（既習の語句でも意味や品詞が異なるものも含めて）が何であるかを調べます。本文中にアンダーラインを引いておくと把握しやすくなります。

② 導入内容の検討

新出文法事項や本文などをどの程度まで導入するのかを考えます。本文の概略を理解させるにあたって，その背景知識が必要な場合は，それも一緒に考えます。

③ 導入手順の検討

次の3つの中から教材に適した導入手順を考えます。

ア 新出文法事項を導入したあとで本文の導入を行う。

イ 本文の導入を行いながら新出文法事項の導入も行う。

ウ 本文の導入を行ったあとで新出文法事項の導入または説明を行う。

④ シナリオ作り

教師が話す英語を実際の授業の場面を想像しながらシミュレーションします。どのような英語表現を用いたら生徒が理解できるのか，理解を助けるためにどのような実物や絵などを用いたら良いのか，板書を含め黒板をどう活用していくのか，などを頭に描きながらシナリオを考えます。教師が一方的に説明するのではなく，生徒とのインタラクションを活かした導入にすると，生徒の集中力や理解度が増します。

しかし，シナリオを考えたからと言って，その通りに行えるとは限りません。実際には生徒を相手に行うのですから，生徒の表情や反応を感じ取りながら行います。生徒の反応により，同じことを繰り返し言ったり，違う表現で言い換えたり，シナリオにはなかった別の例を出したり，臨機応変に行います。

次にオーラル・イントロダクションの例を示します。教材：*One World English Course 3*, Lesson 1, Part 1（pp.6,7）

場面：あきは韓国からお客様セリを迎える。
新出文法事項：受け身文（肯定）
新出語句：アンダーラインの語句

Aki: Please come in.
Se Ri: Thank you. This house looks new.
Aki: Thanks. It was built five years ago.

Se Ri: Aki, this is for you. I hope you like them.
Aki: Wow, silver chopsticks and spoons! They're beautiful.
Se Ri: They're made in Korea.
Aki: Do you use them for special occasions?
Se Ri: No. In most homes, they're used every day.
Aki: These are so nice. Thank you, Se Ri.
Se Ri: You're welcome.

あきという女の子は教科書で使用されている主役のキャラクターです。Lesson 1に入る前に設けられている『Warm-up』の手紙文の中で，「韓国から女の子があきの家に来る」という情報が与えられています。したがって，生徒はLesson 1における話の展開が予想できます。

本教材では，先に「受け身文」を導入し，そのあとで本文の導入を行うことにします。

指導例

（**T** は教師，**S** は生徒一人，**Ss** は複数の生徒または生徒全員を示す。**S** の場合は個人を指名する場合もある）
（職員室から３つのカップを借りて，そのうちの１つを箱に入れる）
T : I have something in this box. It is used when I drink coffee or tea. What is in the box?
Ss: Cup.
（生徒から正答が出なかった場合は，英文をもう一度言いながら，箱からカップの一部を見せる）
T : Yes. It's a cup. It's not mine. Whose cup is this? I'll give you a hint. It is used by the tallest teacher in our school.
S : Mr. Sato.
T : That's right. This cup is used by Mr. Sato.
（別のカップを取り出して）
T : I have another cup. Whose cup is this? It's a pretty cup, isn't it? It is used by a young teacher.
S : Miss Ito.
T : Right. It is used by Miss Ito.
（全体で復唱させたあと，数名に言わせる）
T : I have the other cup. It is used by a famous teacher. He can play the guitar very well.
Ss: Mr. Tanaka.
T : Yes. It is ―――.
（生徒の発話を促す）
S : used by Mr. Tanaka.
T : Good. The cup is used by Mr. Tanaka.（この文を板書する）

なるべく生徒の興味を引きそうな身近な実物や絵を用いて導入します。この段階では，受け身文の意味や文の構造を把握させるのが目的です。そのために受け身文を何回も聞かせています。十分に聞かせたあとにターゲットとなる文を復唱させます。ここではじめてターゲット文を口にさせることになります。

T : I have a CD in my bag. Listen to this song.
（曲を聞かせる）
Do you know this song?
S : Love マシーン
T : That's right. This song was written by Tsunku. It was made about five years ago.
（It was made about five years ago. と板書し，復唱させる）
Do you like this song?
Ss: Yes. / No.
T : It was popular five years ago. It was liked by many people.

usedだけではなく他の動詞を使った例を示しています。このように，理解を深めるために，いくつかの例文を聞かせることを，

aural drill と呼びます。aural drill を十分に行ってからターゲット文をはじめて言わせることもあります。

（東京タワーの写真の一部を見せて）
T：What's this?
S：Tokyo Tower.
T：That's right. When did people build Tokyo Tower? About 5 years ago, about 50 years ago, about 500 years ago?
S：About 50 years ago?
T：Yes. Tokyo Tower was built in 1958.
（built を板書する）
（国会議事堂の写真の一部を見せて）
What's this?
S：*Kokkai-gijido.*
T：Yes. When did people build *Kokkai-gijido*?
（1906，1936，1956 の 3 つの年号を書く）
T：Who thinks it was built in 1906. Raise your hand. It was built in 1936. Raise your hand. It was built in 1956. Raise your hand. *Kokkai-gijido* was built in 1936. How about our school? When was our school built?
S：I don't know.
T：Our school was built in 1970.
（板書する）
（他に東京ドームや地域の建物の写真を提示する）
（新しい家の絵または写真を見せて）
This is Aki's house. Her house is new. It was built five years ago.

はじめは生徒にとって身近な例を示すために教師の使っているコーヒーカップや歌を利用しましたが，コーヒーカップや歌は本文の内容とは関係ありません。このあと，本文の導入を行うので，本文の内容に関わる例を示すことにします。ここでは本文中の It was built five years ago. の文に結びつけています。built は新出単語ですが，教師の質問で build（既習語）を用いているので，ほとんどの生徒は意味を理解できるはずです。また，原形との違いをはっきりさせるために built と板書します。

（セリがあきに箸とスプーンを渡しているピクチャーカードを見せて）
T：Look at this girl. Her name is Se Ri. Where is she from?
S：She's from Korea.
T：Yes. She came from Korea. Se Ri gave chopsticks and spoons to Aki.
（chopsticks と spoon のカットアウトピクチャーを見せ，黒板に貼る。絵の下に綴りを書き，文字と音の関係を示しながら復唱させる）
These chopsticks are silver.
（silver と板書し，復唱させる）
They are made in Korea. Do people in Korea use silver chopsticks and spoons for special occasions?
「特別な場合に」
What do you think, everyone? Open your textbooks to page 6 and find out the answer.

本文の概略を説明します。導入を行いながら，いくつかの新出単語は音声指導も行います。本教材の場合，生徒にとって意味のはっきり理解できる chopsticks, spoons, silver について行います。また，この導入例では，単語の綴りを板書していますが，導入においては文字を一切見せないで，オーラル・イントロダクションを行う場合もあります。occasion のように意味を説明するのが困難な語句は，その意味を日本語で与えます。英語のみで説明しようとすると無理があったり，難しい英語を用いなければならなかったりする場合には，適所に日本語を添えてもかまいません。ただし，「韓国の人々は銀の箸とスプーンを特別な場合に使うのですか。」のようにその英文全体を訳すのではなく，未習の語句に限って日本語を示すようにします。また，すべての未習語に日本語訳を添えないようにします。生徒が日本語を頼って理解するようになると，せっかく英語を使って導入する意味が薄れてしまうからです。

オーラル・イントロダクションで本文の内容すべてを導入するのではなく，次の活動の課題（タスク）を残しておくこともあります。オーラル・イントロダクションを行ったあと，通常は本文を CD で聞かせたり，黙読させたりします。その聞いたり読んだりする際の課題を設定するのです。本教材の場合，“Do people in Korea use silver chopsticks and spoons for special occasions?” と読み取りの課題を与えています。

(2)　教科書準拠 CD (テープ) を活用した導入

最近の教科書準拠の CD は，効果音が入っていたり，表情豊かに読まれていたりするので，CD を活用して本文の導入を行うことが考えられます。たとえば，(1)で扱った教材の場合には，文法事項（受け身文）の導入はオーラル・イントロダクションで行い，本文の導入は CD を用いて行います。

英文を理解させるプロセスには次の２つの方法があります。教材によってどちらかの方法を選択します。

①　ボトム・アップ（Bottom-up）法

１文ごとに意味を理解させ，それを積み上げていくことにより全体を理解させていきます。

②　トップ・ダウン（Top-down）法

はじめにストーリーの話題や概略を把握させてから，次に細かな部分を理解させます。

１年生を指導する際，文法事項をまず導入してからドリル活動を行い，そのあとで本文を導入する手順が多くなります。１年で扱う文法事項は基本的なものばかりなので，先に文法事項を扱わないと，本文の意味が理解できないことが多いからです。本文の導入では，教科書準拠 CD を何回も聞かせて，その内容を徐々に理解させていく方法をよく用います。その導入例を，実際の教材を用いて紹介します。

教材：*One World English Course 1*, Lesson 4, Part 3 (p.32)

場面：あき，ニック，健太の３人はペットについて話している。
新出文法事項：[What + do + 主語 + 一般動詞～?]
新出語句：アンダーラインの語句

Nick：This is a cute cat. I have some pets, too.
Aki：What do you have?
Nick：I have a dog. His name is Spot. I have four little birds, too. Do you have any pets, Kenta?
Kenta：No, I don't have any pets. But we have some fish.

本教材の場合，［What + do + 主語 + 一般動詞～?］の構文以外にも some，any の使い方の指導を行わなければなりませんが，導入する際はこれについては無視し，あとで説明することにします。この例では新出文法事項はすでに導入済みとします。

T：（3人の顔イラストを黒板に貼って）
Nick and Kenta are in Aki's house.
3人はどんな話題について話していますか？
［1回目の聞き取り］健太の I don't have any pets. まで聞かせる。
S：ペット。
T：Yes. では，この3人がそれぞれ飼っているペットは何ですか？
［2回目の聞き取り］1回目と同じところまで。必要に応じて複数回聞かせる。
あきの飼っているペットは？
S：ネコ（動物名を黒板に貼った顔イラストの横に書く）
T：ニックの飼っているペットは？
S：犬と鳥（動物名を黒板に書く）
T：健太は？
S：飼っていない。
T：もう一度聞いて，ニックの犬の名前と鳥を何匹飼っているか聞き取りなさい。
［3回目の聞き取り］1回目と同じところまで。
T：ニックの犬の名前は？
S：スポット。
T：Good. 小鳥は何羽飼っていますか？
S：4羽。
T：実は健太はペットは飼っていませんが，あるものを飼っているとこのあと言っています。何を飼っていると思いますか。当ててごらん。
（ペアか3～4人のグループで話し合わせても良い）
T：Open your textbooks to page 32. 英文を読んで自分の考えた答えが当たっていたか確認しなさい。
（本文を読ませる）
T：健太は何を飼っていますか？
S：さかな。
T：ペットをどうして飼っていないと思いますか。また，この fish って何ですか？
（「健太の家はすし屋で，食べ物を扱っているのでペットは飼えない。」「さかなはすしネタ用。」などの答えを引き出す）

英語で質問するのが原則ですが，1年生初期の段階では，言語材料が不足しているので日本語で質問します。最初の聞き取りでは，話題や概略に関する質問を行います。ここでは，どんな話題についてあきたちが話しているのか聞き取らせます。次に生徒が聞き取れそうなところを選んで質問します。必要に応じて複数回聞かせます。また，本文をすべて聞かせるのではなく，本指導例のように，ある情報（本指導例では But we have some fish.）については導入しないで，次の活動の課題として残しておくこともあります。

4 説 明

英語で導入を行ったあとで，英語では説明できなかったところを中心に，日本語で説明します。また，英語で導入したことの確認を行います。新出文法事項については，文の形や用法について，板書やプリントを利用して説明します。このあと新出文法事項について，ドリル練習を行うことで理解を深めることができるので，くどくどと行わずに要点のみの説明を心がけます。本文の内容については，教科書を開かせ，本文を黙読させたあとに説明していきます。しかし，教師からの一方的な説明ではなく，ここでも生徒とのやりとりを通して理解させていきます。

オーラル・イントロダクションで取り上げた教材を例にとると，次のことを説明する必要があります。

・受け身文の文の形［be 動詞+ 過去分詞］
・動作主の確認，by 〜について
・新出語句のうち，説明を要するもの（come in, chopsticks, they're, occasion）
・人称代名詞（it, them, they）が示すもの
・looks new, I hope 〜など既習事項ではあるが，復習しておいたほうが良いもの

説明を行う際はオーラル・イントロダクションで板書したことを利用します。

［板書］
The cup is used by Mr. Tanaka.
Mr. Tanaka uses the cup.
（注：下の文は説明の際に加えたもの）

板書で The cup is used by Mr. Tanaka. を書いておいたので，その下に Mr. Tanaka uses the cup. と板書します。この２つの文を比較させて，文の違いを生徒から引き出します。「〜される，〜られる」を表すためには［be 動詞＋過去分詞］を用いることを確認し，また，受け身文が用いられるのはどんな場合か考えさせます。

続いて本文の説明を最初の文から行っていきます。人称代名詞が示すものや新出語句の説明を行います。また，This house looks new. や I hope you like them. のような復習が必要なものについて確認しておきます。

5　新出文法事項のドリル

新出文法事項を定着させるまでには，いくつかの活動を行わせる必要があります。私は次のような段階を考えて指導しています。

耳から理解させる段階
● 新文法事項の導入（oral introduction）
● 例文を聞かせる（aural drill）

↓

口慣らしをさせる段階
● モデルをまねさせ，文を記憶させる（mim-mem）
● ドリル練習（パターン・プラクティス，インタビューゲームなど）

↓

実際に使用させる段階
● コミュニケーション活動（新しい情報の授受を目的とした活動）

オーラル・イントロダクションは，「耳から理解させる段階」が主であり，これに少し「口慣らしをさせる段階」が入っています。しかし，十分な口慣らしは行っていないので，

ドリル練習を行う必要があります。文法事項によって，パターン・プラクティスを行ったり，インタビューゲームなどの活動を行ったりします。この段階では，新出文法事項に慣れさせることが目的なので，意味内容や場面を重視しない機械的な活動を行うことが多くなります。生徒一人ひとりに英文を言わせたり，数文程度の例文を暗唱させたりする程度で，あまり複雑で時間のかかる活動は適していません。教科書にドリル活動が載っている場合はそのまま行うこともありますし，少し改良して行うこともあります。

この段階の活動パターンをいくつか持っていると便利です。最初に行うときには，活動方法の説明が必要ですが，生徒がやり方を覚えたあとは，いちいち説明しなくてもすぐに活動に入れるので，時間の短縮につながります。私は主に次の3種類のうちからいずれかを，文法事項に合わせて行っています。

・ パターン・プラクティス（Pattern Practice）
・ ダイアログ・ゲーム（Dialog Game）
・ インタビュー活動（Interview Activity）

このうち，ダイアログ・ゲームとインタビュー活動の例を紹介します。

(1) ダイアログ・ゲーム

ダイアログ・ゲームは新出文法事項を問答文にして，口慣らしと暗唱を目的として行うゲーム形式の活動です。単純な形式なので時間もかからず，しかも生徒に人気があります。

〈指導手順〉

① “TODAY'S DIALOG” を何度か音読させます。

② “GUESS” または “MY ANSWER” の欄を記入させます。事実のやりとりではないので，実際のことと異なる内容でかまいません。答えが他の人に見られないように，点線のところで折らせます。

③ 席を離れてペア・ワーク活動を自由にさせます。ただし，活動中は次の約束を守らせます。

・質問をしたら必ず質問を受ける。
・当たったら “WIN” に，はずれたら “LOSS” に，それぞれ1から順番にチェックしていく。
・日本語を用いたり，英語を省略しない。

活動時間は2分間～2分30秒間が適しています。キッチンタイマーや活動時間に合わせて編集したBGMを利用すると設定した活動時間をしっかり守ることができます。

教師も生徒の活動をモニターしながら活動に加わり，発音などに誤りがあったら矯正します。また，理解が遅い生徒の支援を行います。

④ 時間がきたら生徒を各自の席に戻します。その間に教師は3つの数字を用紙の裏に記入しておきます。

⑤ 生徒を立たせて教師がゼロからカウント・アップしていき，各自の “WIN” の数のところで座らせます。④で書いた3つの数字をラッキーナンバーとし，その数字に該当した生徒のワークシートにスタンプを押します。私はウォーム・アップに行うビンゴのスタンプと共に，10個のスタンプがたまったら外国のコインをあげることにしています。高得点をとった生徒に，常にスタンプを与えるようにすると，英文を省略して高得点を競うなどの弊害がでるので，ラッキーナンバーという偶然性をもたせてスタンプを与えるようにしています。

“RESULT” に点数をチェックさせる際，

同性同士が行った場合は１点，異性と行った場合は２点，先生と行った場合は３点とすると，男女が一緒によく活動するようになります。また，たまに "LOSS" のラッキーナンバーでスタンプを与えることもあります。活動の目的が英文をたくさん言わせることであって，"WIN" の数を競うのではないことを印象づけるためです。

(資料１) ダイアログ・ゲームのワークシート

DIALOG GAME (TYPE-A)

NAME (　　　　　)

TODAY'S DIALOG:

Q : What do you have?
Aa : I have a dog.
Ab : I have a cat.

VOCABULARY : cat

RESULT : **WIN** : 1 2 3 4 5 6 7 8 9 10 11 12 13 14 15 16 17 18 19 20
LOSS : 1 2 3 4 5 6 7 8 9 10 11 12 13 14 15 16 17 18 19 20

GUESS : You have a ＿＿＿＿＿＿.

[タイプA]

相手がAa (Answer a) とAb (Answer b) のどちらを答えるのか当てる形式で，質問を受ける側は，答えをその都度変えてもかまわない。相手の言った答えと自分が "GUESS" に書いたものと一致した場合は "WIN" にチェックし，一致しなかった場合は "LOSS" にチェックする。

DIALOG GAME (TYPE-B)

NAME (　　　　　)

TODAY'S DIALOG:

Qa : Do you have a dog?
Qb : Do you have a cat?
A : Yes, I do. / No, I don't.

VOCABULARY : cat

RESULT : **WIN** : 1 2 3 4 5 6 7 8 9 10 11 12 13 14 15 16 17 18 19 20
LOSS : 1 2 3 4 5 6 7 8 9 10 11 12 13 14 15 16 17 18 19 20

MY ANSWER : I have a ＿＿＿＿＿＿.

[タイプB]

相手があらかじめ記入した "MY ANSWER" を当てる形式で，相手が "Yes, ～." と答えたら "WIN" にチェックし，"No, ～." と答えたら "LOSS" にチェックする。

（資料2） ワークシート

Enjoy English

ー○○さんは何をしているの？ー

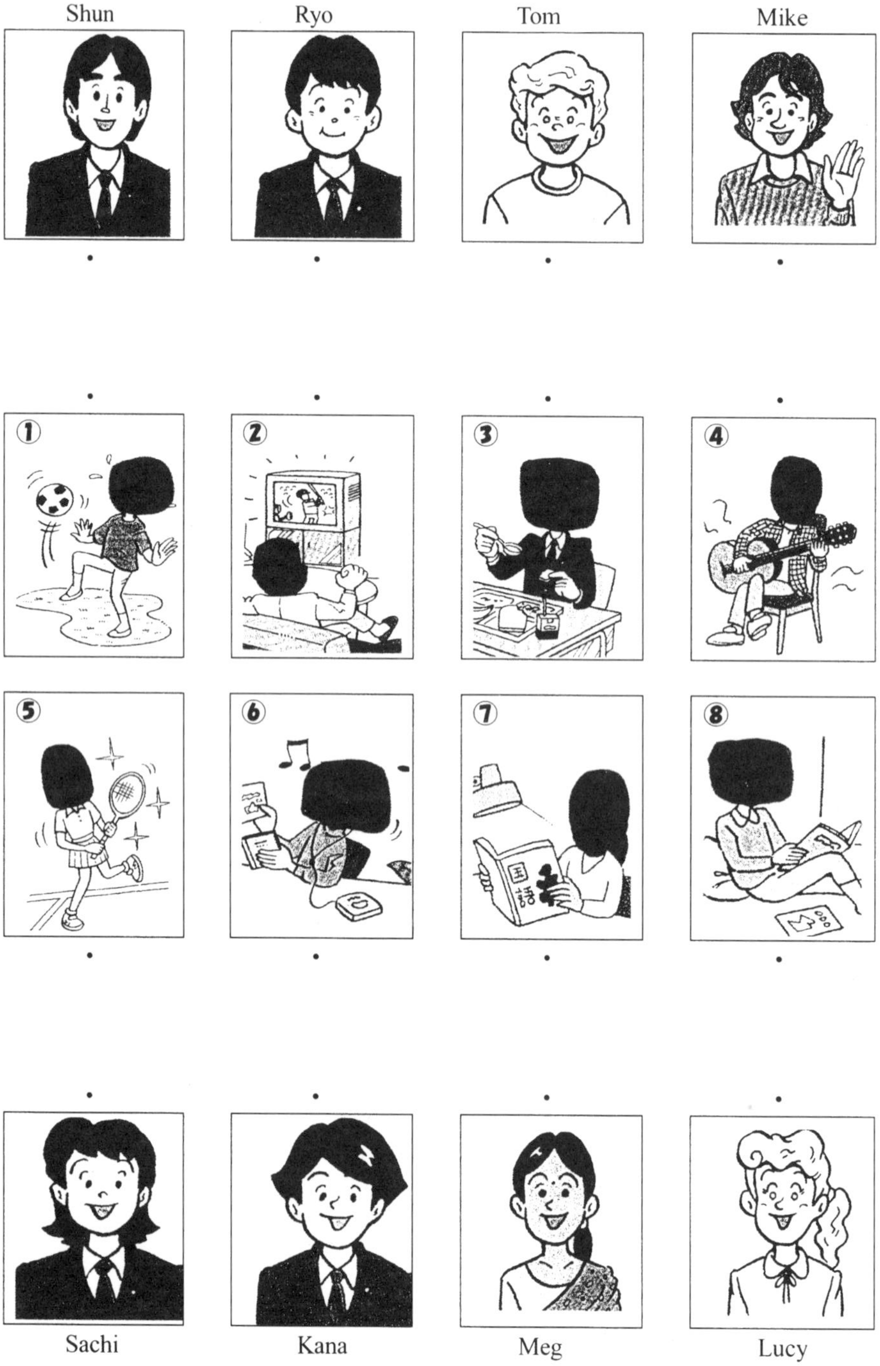

(2) インタビュー活動

インタビュー活動にはその目的や段階に応じてさまざまな種類と形式のものがあります。「実際に使用させる段階」においては，新情報の授受を目的としているので，使用する英語表現を限定したドリル活動ではなく，自由に英語表現を選択できる活動にする必要があります。導入直後のインタビュー活動は口慣らしが目的なので，完全にコントロールした活動でかまいません。ターゲットとなる文法事項（英語表現）をいかに短時間でたくさん言わせるかが大切になります。ヒューマンビンゴや単純なＱ＆Ａなどさまざまな形式のものがありますが，ここでは，生徒がターゲット文を言えるかの確認や，支援が行えるものを紹介します。通常，インタビュー活動を行うときは，生徒を教室内で自由に立ち歩かせて活動させるので，各生徒がターゲット文を正しく言えているかどうかはしっかりと把握できません。また，誤りがあってもすべての生徒には指導できません。もちろん，インタビュー活動を行う前に，ターゲット文を一人ひとりに言わせて確認することは大切です。この活動では，個々の生徒が教師に質問を行い，教師がそれに答えることによりインフォメーションギャップを与えています。

〈ターゲット文〉

What is Kana doing?
She is playing the piano.

〈活動手順〉

① あらかじめ教師はワークシート（資料２）の上段（男子４名），下段（女子４名）と①～⑧の絵を，それぞれ自由に線で結んでおく。

② 生徒にワークシートを配付し，次の活動のやり方を説明する。

a．はじめにワークシートの８人のうち，自由に１名を選んで次のような質問を教師に行う。（教師は他の生徒に聞かれないよう，小さな声で応答する。）

生徒： What is Lucy doing?
教師： She is ～.
（教師が線で結んだところを答える。）

b．各自が１つずつ情報を得たところで，生徒同士で次のような問答を行い，わかった情報は線で結ぶ。なお，１人につき，１つの質問しかできないことと，１回質問した人には再度質問できないことを確認する。

生徒１： What is Kana doing?
生徒２：（情報を知っている場合の例）
She's playing tennis. What is Mike doing?
生徒１：（情報を知らない場合の例）
I don't know, but I know Ryo is watching TV.

質問をしたら必ず質問を受ける。相手の質問についての答えを知っている場合はその情報を伝える。知らない場合は知っている情報の中から１つを伝える。与える情報については相手がすでに知っているかどうかは考慮しなくて良い。
（本活動では，問答を繰り返すうちに情報量が増えていく仕組みとなっている。）

c．全情報を集めたら席につく。まだ情報が集められない生徒は座っている生徒に質問することができる。その場合は，一方的に質問するだけで，質問は受けない。

③ ①～⑧の絵についての口頭練習を次のように行う。

> **T** : Look at No-1. What is he doing?
> （上段はすべて男子なので he を用いる）
> **S** : He's playing soccer.

なお，絵に番号をつけることにより，口

頭練習の際の指示が出しやすくなる。

④　教師にワークシート中の一人の人物について質問したあと，活動を開始する。

なお，TTの際に行うと，②aの時間が短縮されます。現在進行形の他に，過去形，過去進行形，to不定詞，動名詞などで同様のアイディアが使えます。ターゲット文は変わっても，ワークシートは同じものを用いても活動可能です。

6 新出語句の発音および音読練習

(1) 新出語句の発音

新出語句の発音についてはオーラル・イントロダクションの中で行うものもありますが，フラッシュカードを用いてすべての新出語句について発音指導を行います。語（句）レベルの発音指導はとても大切です。語（句）の意味を提示するだけで発音指導を行わないと，読んで理解することはできるようになりますが，聞いて理解できるようにはなりません。語（句）を正しく発音できればその語（句）は聞き取れるようになります。ちなみにフラッシュカードを作成する際，動詞は赤色で，その他は黒色で書いています。英文中の動詞を把握することは大切なので，フラッシュカードを通して，どの単語が動詞であるのかを生徒にわからせるためです。

(2) 音読のさせ方

語（句）レベルが正しく発音できるようになったら音読練習を行います。私は1つの教材について通常2回の音読指導を行います。1回目は導入を行ったあと，2回目は次の授業で行う復習においてです。それぞれの音読指導の目的は次のとおりです。

導入のあと：書かれてある文字を正しく音声化させる。

復習において：場面や心情に応じた音読を行い，スピーキング活動につなげる。

音読指導にはいくつかの方法があります。基本的な方法と指導技術を紹介します。

① Chorus reading

Chorus readingには次の種類があります。

ア　Intensive choral reading after the teacher
教師のあとについて，1文ずつ反復練習を行わせる。

イ　Choral reading through the whole text after the teacher
教師のあとについて，全文を音読させ，文章全体の流れを把握する。

ウ　Choral reading through the whole text
生徒のみで，声を揃えて音読させ，全員に行き届かなかったIndividual readingを補い，一連の音読のまとめを行う。

音読指導の最初に行う“Intensive choral reading after the teacher”についてもう少し説明します。これは教師のモデル音声のあとについて，クラス全員が一斉に反復練習を行う活動です。その際，弱音，強勢，音の連結，イントネーション，音調などを正しく音声化できるように指導していきます。教師はモデルを与えたあと，生徒の復唱を聞いて，不十分なところを矯正します。クラス全員が一斉に音読するので，個々の生徒のモニターは不可能です。しかし，数人が誤った発音をしていれば，その音声が耳に入ってくるので，生徒全員の口を観察しながら注意深く音声を聞く必要があります。

短い文の場合は，１文すべてを復唱させますが，長い文の場合は，意味のまとまりごと（sense group）に区切って復唱させます。文頭から区切って復唱させていくと音調が変化してしまうことがあるので，次のようにうしろから sense group ごとに復唱させていきます。これを "back-up technique" と呼びます。

T : in their language.
Ss: (repetition)
T : to tell stories in their language.
Ss: (repetition)
T : and began to tell stories in their language.
Ss: (repetition)
T : to sit around me and began to tell stories in their language.
Ss: (repetition)
T : I told them to sit around me and began to tell stories in their language.
Ss: (repetition)

② Buzz reading

Chorus reading で一斉に音読練習をしたあと，各自に自分のペースで自由に音読練習をさせます。この活動では，十分に音声化できないところがないかチェックさせたり，自分の音声がモデルに近いかチェックさせたり，何回か読ませて音声に慣れさせたりすることが目的です。「２分間自由に練習しなさい」のように一定の時間を与えて練習させる方法と「５回音読しなさい」のように回数を指定して練習させる方法があります。私は導入のあとは前者で，復習においては後者で行わせています。また，授業にアクセントをつける意味と，背筋を伸ばして声を出させるために，立たせて行わせています。

③ Part reading

役（part）を決めて音読させる方法で，対話文の教材に向いています。教師と生徒で分かれたり，ペアまたはグループで役を決めたりして音読します。対話形式で読ませることで，表現をつけることに意識を向けさせます。役が３人以上の場合は，教師・男子（座席の左半分）・女子（座席の右半分）のように分担します。

また，生徒を向かい合わせて，音読している途中で顔を上げて相手と視線を合わせるなど，音読から speaking への橋渡しとしての活動（eye contact reading aloud）にも発展させられます。

④ Paced reading

CD（テープ）のモデル音声と合わせて音読させます。モデル音声に合わせて音読させることで，スピード，音調，強音，弱音，音変化，イントネーションなどを意識させることができます。Paced reading をさせると，"People / call / them / the / jewels / of / the / lake." のように１語１語区切りながら読まなくなります。なお，CD（テープ）プレーヤーの音量は大きくして，生徒全員が声を出してもモデル音声が聞こえるようにします。

⑤ Individual reading

個人を指名し，音読させます。一連の音読練習の成果を評価したり，細かな点を指導したりすることが目的です。個人音読で，数人が共通の間違いをするようであれば，全体に対して再度指導する必要があります。1文ずつ数人の生徒に読ませる方法もありますが，Individual readingを音読練習の最終段階で行うのであれば，ある程度まとまった英文(全文または段落単位)でないと，表情豊かな音読はしにくいでしょう。

⑥ Read and look-up

テキストの1部分または1文を黙読し，教師のcueで顔を上げてその部分(文)を言わせる方法で，speakingへの橋渡しとしての役割をもっています。cueの出し方は，手をたたいたり，「はい」など短い英語や日本語を言ったりします。私は“Look up.”と言っています。

(1文ずつ言わせる場合)
Ss：(黙読)
T：Look up.
Ss：We interviewed Ms. Takayama last Saturday.
Ss：(黙読)
T：Look up.
Ss：Let's watch the video.

英文を言わせる際，教師が全員を見渡し，アイ・コンタクトを行います。視線が合わないで，下を向いている生徒がいたら注意します。英文の長さが異なることから，教師が音声モデルを与え，その箇所を言わせる次のような方法もあります。私は現在，この方法を行っています。

T：In Korea you have your bowl on the table (モデルを示す)
Ss：(黙読)
T：Look up.
Ss：In Korea you have your bowl on the table
T：and eat with a spoon.
Ss：(黙読)
T：Look up.
Ss：and eat with a spoon.
T：Really? We usually eat rice with chopsticks.
Ss：(黙読)
T：Look up.
Ss：Really? We usually eat rice with chopsticks.

このように，長い文は途中で区切って，短い文は複数の文を一緒に言わせるようにします。この方法だと教師がモデルを与えるので，生徒が音声を再確認できる長所があります。教師がモデルを与えたあとに，一度音読させてから顔を上げて言わせる方法もあります。

⑦ Response recitation

私が命名した方法です。教科書を閉本させながらCD（MD）のモデル音声を聞かせ，途中でCDプレーヤーの休止(pause）ボタンを押して，休止させた後を続けて言わせます。生徒が言ったあとで，CD（MD）プレーヤーの休止ボタンを解除すると，ちょっと前から音声が再生されます。したがって，生徒は自分が言った英語を確認することができるのです。この活動は音読ではありませんが，一連の音読指導と一緒に行うのでここで紹介します。Read and look-up のあとで行うと，生徒が英文をすらすら言えるようになっているのに驚くことと思います。

CD：They liked it very much. When I finished telling one,（休止する）
Ss：they asked me to tell another.
CD：（休止を解除する）they asked me to tell another. It's fun for them（休止する）
Ss：to learn through books.
CD：（休止を解除する）to learn through books.

英文には，前半部分が旧情報で，後半部分に新情報が含まれていることが多いので，その新情報を言わせるようにします。

(3)　導入のあとに行う音読指導

導入のあとに行う音読指導の目的は，書かれてある文字を正しく音声化させることです。したがって Chorus reading に十分な時間をかけます。back-up technique を用いて sense group ごとに指導したり，読みづらい文は数人の生徒に読ませて確認したりします。本文を通して音読指導を行ったら，もう一度最初の文から Chorus reading を行い，正確に音声化できるようになったかチェックします。おおむね満足に音声化できていると判断したら，CD または教師のモデル音読（全文）を聞かせます。それまで文単位で読ませていたので，文章全体を通した音声を聞かせるためです。そして Buzz reading に移ります。生徒を立たせ，英文の量により1～3分間の時間を与えて練習させます。この間，教師は机間巡視を行い，生徒の音読をモニターしながら，十分に音読できない生徒への支援を行います。このあと教師と生徒による Part reading を行ったり，全員で全文を通した Chorus reading を行って音読指導を終了させます。

(4)　復習における音読指導

復習における音読指導の目的は，場面や心情に応じた音読を行い，スピーキング活動につなげることです。私は下の手順で指導しています。

▼Chorus reading
↓
▼Paced reading
↓
▼Buzz reading
↓
▼Read and look-up
↓
▼Response recitation
↓
▼Individual reading（音読テスト）

▼1文ずつ Chorus reading を行って，正しく音読できているかチェックします。まだ不十分な箇所があれば指導します。
▼CD のモデル音声（全文）を聞かせ，ペースを把握させたあとで，Paced reading を2回行います。Buzz reading の前に Paced reading を行う理由は，次の2つです。
・全員の音読スピードを合わせることができる。
・Paced reading で音調，強音や弱音，イントネーション，音変化などを意識させることで，Buzz reading ではモデルに近い音読をしようと努力するようになる。

▼生徒を立たせ，音読の回数を指定して Buzz reading をさせます。通常 3 ～ 4 回を指定しています。教師は机間巡視を行い，音読が苦手な生徒の支援を行います。Paced reading において，スピードを合わせて音読しているので，ほとんどの生徒がほぼ同じ時間で指定回数を読み終えることができます。数人の生徒が残ったところで "Stop reading and sit down." と指示を出します。

▼次に Read and look-up を行い，それまで文字を見ながら音読していた段階から，文字を見ないで英文を言う段階に進みます。一連の音読練習のあとで，ロールプレイや暗唱を行わせる際は，1 文単位の Read and look-up から徐々に英文数を増やしていき，最終的にすべての英文を暗記させることもあります。これは英文数の少ない 1 年生の段階で有効な方法です。

▼ Read and look-up を行ったら教科書を閉じさせ，Response recitation を行います。教材やあとの活動との関連で，この活動を行わないこともあります。

▼そして最後に Individual reading を行います。本書の第 I 部で述べたとおり，私はこの Individual reading を音読テストと兼ねて行っています。理論上，文字を見ての音読から Response recitation では話す活動に移行しており，再度文字を見させて音読させることは，活動が逆戻りとなるので好ましいことではありません。しかし，音読テストを行うことのプラス面を考え，ここにテストを兼ねた Individual reading を位置づけているのです。

7 本時のまとめ

授業を締めくくる「本時のまとめ」は，その授業で行った最も大切なことをまとめ，印象づけるための大切な活動です。時間が足りなくなり，中途半端なところで授業が終わることがよくありますが，次のことの 1 つは確実に行いたいものです。

① ターゲット文を書けるようにさせる。

② 教師が生徒に質問を行いながら，大切な内容を確認する。

③ 本文の音読を全員で再度行う。

このうち，①の活動について具体的な方法を紹介します。黒板にターゲット文を書き，暗唱できるまで音読させます。次に英文を小声で言いながら，空中にその綴りを書かせます。このとき，音と文字を結びつけるために，英文を小声で言いながら書かせることが大切です。最後に心の中で英文を言いながら，ノートに書かせます。英文を書き終えたら，黒板を見て，綴りが合っているか確認させます。

次回までに準備しておくことの連絡を行い，あいさつを行います。授業が終わったあとに，授業内容についての質問や授業についての感想を言いにくる生徒がいるので，1 ～ 2 分間程度は教室に残っているようにします。

8 授業のはじめの活動

教師はチャイムが鳴る前から教室にいるべきです。休み時間中に生徒の様子を観察したり，生徒に言葉がけを行ったり，生徒の話に耳を傾けたりします。いかに指導技術がある教師でも，生徒との人間関係が悪ければ良い授業はできません。また，しつけの面からもチャイムが鳴るのと同時に授業を始めます。授業の最初は次のような活動を行います。

(1) あいさつ

T : Good morning(afternoon), class.
Ss: Good morning(afternoon), Mr. Honda.
T : How are you?
Ss: I'm fine, thank you. And you?
T : I'm fine, too, thank you.

英語の授業は英語を使ってはじめたいものです。上のようなあいさつの定型表現を用いることが一般的ですが，元気でなくても fine と言わせることに違和感を覚えて，さまざまな言い方をさせている先生方が増えています。儀礼的なあいさつとしては，多少体調が優れなくても "I'm fine." と答えても不自然ではありませんが，さまざまな英語表現を教えることも大切なことです。数人に "How are you today, S1?" のように質問するのも良い方法だと思います。私は生徒を座らせたままで，"Look at me.（生徒が見ているか確認する）Hi, guys." のようにくだけたあいさつを行っています。生徒を立たせたままでも，座らせたままでも，あいさつをする際に大切なことは，目を合わせることです。生徒がいくら大きな声であいさつをしていても，視線を合わせようとしていなければコミュニケーションを行う際の良い習慣とは言えません。教師も "Look at me." と言ってから，教室全体を見回し，すべての生徒と視線を合わせてからあいさつを行うようにします。

出席確認について，私は休み時間中に出席簿を見て，誰が欠席であるのかあらかじめ確認し，署名も行ってしまいます。チャイムが鳴り終わるまでに生徒が席につくのが確認できたら，授業中に出席簿を開くことはありません。ただし，1年の最初の頃は，名前を覚えることと授業の雰囲気作りのために一人ひとりを呼名し，"Here." などと言わせています。

(2) 簡単な会話

あいさつを行ったら，英語で生徒と簡単な会話を行います。"How is the weather?" や "What's the date?" など質問する側もすべての生徒もその答えがわかっている質問は，コミュニケーション上は意味がありませんが，英語を教えるための教室内では有益であると考えます。ただし，このような質問ばかりでは生徒も飽きてしまうので，次の例のような新しい情報のやりとりを行いたいものです。昨日の出来事やテレビ番組などから，生徒の興味がありそうな軽い話題を取り上げたり，教師自身のことについて話したりすると授業の雰囲気が良くなることがあります。

T : I watched K-1 on TV last night. Bob Sapp did a great job. Did you watch it, too?
S : Yes.(No.)
T : Who watched K-1 yesterday? Raise your hand. S1, do you like Bob Sapp?
S1: Yes. He is strong and funny.
T : Who is stronger, Bob Sapp or Sato-kun? What do you think?
（Sato 君はそのクラスの生徒で柔道部）
S : Sato.

(3) ウォーム・アップ

あいさつや簡単な会話のあとは，ウォーム・アップの活動を短時間で行います。ウォーム・アップの目的や働きは次の2つであると私は考えています。

① 生徒全員に声を出させる。

② 生徒を授業に引き込ませる。

あとの指導時間を削らないように，3分間以内に終えられるような活動を考えたいものです。(1)(2)の生徒とのあいさつや会話がウォーム・アップともなっているので，ウォーム・アップの活動を特別に設定しないで，次の活動に進む場合もあります。私自身は「ビンゴ・ゲーム」を行っています。「ビンゴ・ゲーム」については第2章『1年1学期の実践例』を参照してください。

(4) コミュニケーション活動

あいさつとウォーム・アップのあとは，本章で提案した実践的コミュニケーション能力を育成するための活動を行います。これについては第2章で詳しく述べます。

9 前時の復習

(1) 単語の復習

前時に導入した単語を中心に，最近扱った約30の単語について，新出語句の発音練習で使ったフラッシュカードを用いて，復習する機会をはじめに設けています。それぞれのカードの裏には訳語を書いています。活動の手順は次のとおりです。

① 表の英語を読ませる。その間に，教師はカードを裏返して訳語を見せる。

② ①が終わったら，次に裏の訳語を英語に直して言わせる。その間に，教師はカードを表に向けて綴りを見せる。

実は，最近になって10年ぶりにこの方法を復活させました。10年前に止めた理由は，英語で授業を行うことをめざしていたので，授業のはじめに日本語を見せることと，「1語1訳」でinputしてしまうことに抵抗を感じたからです。しかし，中学校の段階では，まず1つの意味を覚えさせるところから始めること，生徒が十分な復習を家庭学習で行わなくなっていることから復活させたのです。少し前に習った単語を，毎授業で復習させることで，単語の定着率は少しよくなっていると感じます。しかし，この活動をするべきかどうかは今も悩んでいます。

(2) 前時の文法事項の確認および復習

前時で扱った文法事項の確認を行います。導入で行った説明を再度行うのではなく，ポイントを絞って行います。前時にcanの導入をした場合を例にとると，

T : I can play tennis. Can you play tennis, S1?
(canの文を教師が言ってから生徒に質問し，正しく答えられるか確認します)
S1: No, I can't.
T : Can you play tennis, S2?
S2: Yes, I can.
T : Can you cook anything, S3?
(別の動詞の例を出します)
S3: Yes, I can.
T : What can you cook, S3?
S3: I can cook チャーハン.
T : What can S3 cook, S4?
S4: S3 can cook チャーハン.

T：Good. "S3 can cooks チャーハン." のように動詞 cook に s をつける必要はありますか？
Ss：ありません。
T：can のあとの動詞は -s とか -ing とかつけないもとの形ですね。can cook, can play, can swim, can speak のように can は動詞の前につけてペアとして考えましょう。

生徒とのインタラクションから意味，文型などを理解しているか確認します。前時の指導内容により，ここで文法事項の確認を行わずに，本文の復習の際に簡単に行う場合もあります。

(3) 教科書本文の復習

本文に書かれてある内容を想起させ，本文中に用いられている各表現の復習を目的として行います。私は次のように行っています。

① 内容想起のためのCDリスニング

内容を想起させるために，教科書を閉本させたまま，CD のモデル音声を聞かせます。

② Questions & Answers

教科書本文の内容についていくつかの質問を英語で行います。

例・When was Aki's house built?
・What did Se Ri give to Aki?
・Where are the chopsticks and spoons made?
・Are they made for special occasions?

③ 英文の確認

教科書を開本させ，CD を聞きながら文字を目や指で追わせるか，黙読させます。

④ 重要表現の確認

本文で用いられている重要表現を確認します。

(4) 関連した言語活動

先に示した音読指導を行ったあとで，話すことや書くことなどの表現活動を行います。話す活動では，「実際に使用させる段階」の目的に合った活動を行います。ただし，新言語材料の導入を考えている場合は，時間をそれほど費やせないので，生徒を隣近所でペアにしてインタビュー活動を行い，その結果をノートに書かせる程度になります。教科書にこの段階に適した活動が載っている場合はそれを行うこともあります。

第2章 学期ごとの実践例

1 本章の構成について

本章では，第1学年1学期より第3学年3学期までの9つの学期で主に行っている活動や評価について，次の4つの項目に分類して紹介します。

《コミュニケーション・タイム》

授業の最初の10～15分間で行う活動を紹介します。各学期に紹介した活動のみを，その学期を通して行うわけではありません。次の例のように，〈2年1学期〉のところで紹介する活動だけではなく，他の学期で紹介するいくつかの活動を組み合わせて行っています。

〈2年1学期の例〉

4月(授業数7回)リスニング教材（2日間）
　→ One Minute Chat ①（3日間）
5月(授業数11回)リスニング教材(2日間)
　→ One Minute Chat ②（3日間）
　→ Explanation Game 1（6日間）
6月(授業数9回)リスニング教材(2日間)
　→創作スキット（6日間）
7月(授業数5回）One Minute Chat ③（3日間）

この例に示した「リスニング教材」とは市販のもの（「New Listening Plus（正進社)」）で，『コミュニケーション・タイム』における活動と活動の合間や，該当の文法事項を導入したあとで行っています。

《イベント活動》

学期ごとに設定する大きな活動（『イベント活動』）を，学期ごとに1つ紹介します。この活動は〈1年1学期〉の「自己紹介」のように，1回の授業で終えるものもありますが，〈1年3学期〉の「家族の1人を紹介」のように，『コミュニケーション・タイム』で少人数ずつ行うものもあります。評価についても，紙面の許すかぎり説明しています。

《授業アイディア》

授業で役立つアイディアを，学期ごとに1つ紹介します。

《評価実践例》

その学期で行った面接評価の例など，これまで実際に行った評価実践の例を紹介します。

2　１年１学期の実践例

（コミュニケーション・タイム）

◎ビンゴ・ゲーム（長先生バージョン）◎

ビンゴ・ゲームはゲーム感覚で語い力をつけられるすばらしい方法です。生徒にとって，授業ごとに25（または24）の単語を書かなくてはならないのに，おもしろい活動なので，「書かされている」という気持ちをもたないようです。私自身は，約17年前に長勝彦先生（元墨田区立両国中学校）の授業を拝見し，その翌日からビンゴ・ゲームを取り入れました。長先生が当時行っていたビンゴ・ゲームのやり方に，自分なりの改良を加え，17年間，すべての学年で行っています。

ビンゴ・ゲームのやり方はさまざまありますが，私のやり方は次のとおりです。

“B, apple, apple, I, orange, orange, ...O, banana, banana” のように各語群から１語ずつ読み上げます（これで「ラウンド1」)。これを３ラウンド読み上げます（5語×３ラウンド＝15語)。この３ラウンドでビンゴに

（資料１）

DATE :

LET’S ENJOY BINGO!

NAME :

B					
I					
N					
G					
O					

A－07

B : basketball, volleyball, soccer, tennis, baseball

I : walk, hurry, take, go, play

N : mother, father, sister, brother, aunt, uncle

G : tea, rice, language, breakfast, bus, family

O : little, some, any, cute, late, big

なった本数分，スタンプを押し，10個スタンプがたまったら外国のコインをあげることにしています。なお，ラウンド1でビンゴになった場合，めったにないことなので，すぐにコインをあげています。15の単語を読み上げるだけなので，所要時間は2分間程度です。

B，I，N，G，Oの各語群の単語数は3つの語群が6語，残り2つの語群が5語としています。この語数であると，3ラウンド（15語を読み上げる）で約15％の生徒がビンゴになります。生徒1人につき，平均して7回に1回はビンゴとなる確率です。また，確率から言って，ビンゴにならなかった生徒も，あと1つでビンゴとなるリーチの状態なので，この語数によりエキサイティングな感覚を増しています。

私は，コンピュータを用いてビンゴ・ゲームを作成しています。A-07，A-08のように2枚の異なるビンゴ・ゲームを同時に作成し，A-07，A-08，A-07，A-08，A-07，A-08のように交互にそれぞれ3回ずつ行っています。なお，コンピュータに外枠を入れてあり，あとは単語を選択して打ち込むだけなので，手間はそれほどかかりません。

○絵カードビンゴ○

文房具，動物，食べ物，スポーツなど身近な語いをどんどん与えても，生徒はすぐに覚えられます。ただし，初期の段階では，単語を「聞いてわかる」「言える」ことを目標としているので，書かせたり読ませたりはしません。16枚が1セットの絵カード（資料2）を作成し，次のような手順で指導します。最初の授業から行うことができる方法です。（私はここ数年，学区域の小学校で，6年生を対象にした英語体験授業を行っています。この『絵カードビンゴ』を使って同様の手順で指導していますが，生徒には好評です。）

〈第1日目の指導〉

(1) 16の単語をピクチャーカード，実物，模型などを使って導入し，言えるようになるまで発音練習させます。このとき “This is ....” “What's this?” などの英文もまだ教科書で扱っていなくても使用するようにします。ときにはジェスチャーを伴いながら，何回も聞かせていくうちに，生徒は教師の言っている英文の意味を推測できます。

T：（箱からバナナの模型を少し見せて）Look at this. What's this?
Ss：バナナ。
T：Yes. This is a banana. Repeat after me. “banana.”
Ss：Banana.
T：S1, please.
S1：Banana.（同様に1列の生徒全員の発音をチェックします）
T：Everyone.
Ss：Banana.（個人の発音チェックを行ったら必ず全員に復唱させます）

16枚すべての単語の導入を終えたら，ピクチャーカード，実物，模型などを見せて，「言える」レベルになっているかチェックします。

T：（オレンジの模型を見せて）What's this?
Ss：Orange.

(2) 絵カードを配付します。（絵カードは1セットごとに輪ゴムで綴じておきます。）16枚すべてのカードが揃っているか，次のような方法でチェックさせながら，「聞いてわかる」目標を達成しているか確かめます。

T : You have 16 cards.（「16」と板書する）Let's count the cards.　One, two, three, four, five, six, seven, ..., sixteen.　OK?

Ss: OK.

T : Now hold up the card I say. "Banana."　Hold up the card like this.（教師が「バナナ」の絵を上げて見本を示す）

T : Next, orange.（以下，同様に16枚すべてのカードをチェックする）

⑶　カルタ取りゲームを次の要領で行います。

T : Let's play "*カルタ取り*."　Make pairs.（隣同士でペアを作ることをジェスチャーで示す）Put your desks together like this.（2人の机を横向きのままつけさせる）

Let's use the one set of your cards.（1つのペアのところに行き，一方のカードをゴムでまとめ，もう一方のカードを絵の面を表にして机に広げながら，指示を英語で出す）

Spread out the cards like this. Now let's start "*カルタ取り*."

Touch your head with your hands.（教師が見本を示す）

"Apple, apple."

残りがあと数枚になったら，すでに言ったカードやまったく違う語を言うなどして，ゲームを盛り上げます。ゲームが終了したら，取ったカードの枚数を数えさせ，"Who is the winner? Raise your hand. Congratulations." などと指示を出して結果を報告させます。

⑷　ビンゴゲーム台紙（資料3）を配付し，各自で絵カードを，絵の面を表にして自由に並べさせます。教師が言った絵カードを裏返しにさせていき，ビンゴになったら "Bingo." と言わせるようにします。

⑸　絵カードを輪ゴムで綴じさせ，ビンゴゲーム台紙とともに各自で保管させます。

〈第2日目～第3日目の指導〉

⑴　ペアを替えて，絵カードでビンゴゲームを行います。

⑵　"Two Hints *カルタ取り* Game"を行います。このゲームは単語をすぐに言うのではなく，tomato なら "food, red, tomato" のように，最初にその単語の種類や特徴を2つ言い，そのあとで，その単語そのものを言います。生徒はどの時点で絵カードを取ってもかまいませんが，お手つきをしてしまったら，相手が正しいカードを取ることができます。

〔ヒント例〕

pencil : notebook, black, pencil
cat　　: pet, small, cat
ruler　: long, centimeter, ruler

上記の手順で一通り指導を行ったら，新しい絵カードを配付し，はじめから同じ手順で指導を行います。私は4セット分の単語（16語×4セット＝64語）を導入しています。

カードの作成方法について説明します。カタカナ語になっている語を半分以上は入れるようにして，生徒が無理なく16の単語を覚えられるよう配慮します。絵はイラスト辞典やインターネットから取り出します。16のマスに絵を貼りつけ，画用紙に印刷します。印刷した画用紙を電動カッターで切り取り，セットごとに輪ゴムで綴じます。教材は春休みのうちに作成しておきます。ビンゴゲーム台紙の1マスより，

（資料2）絵カード

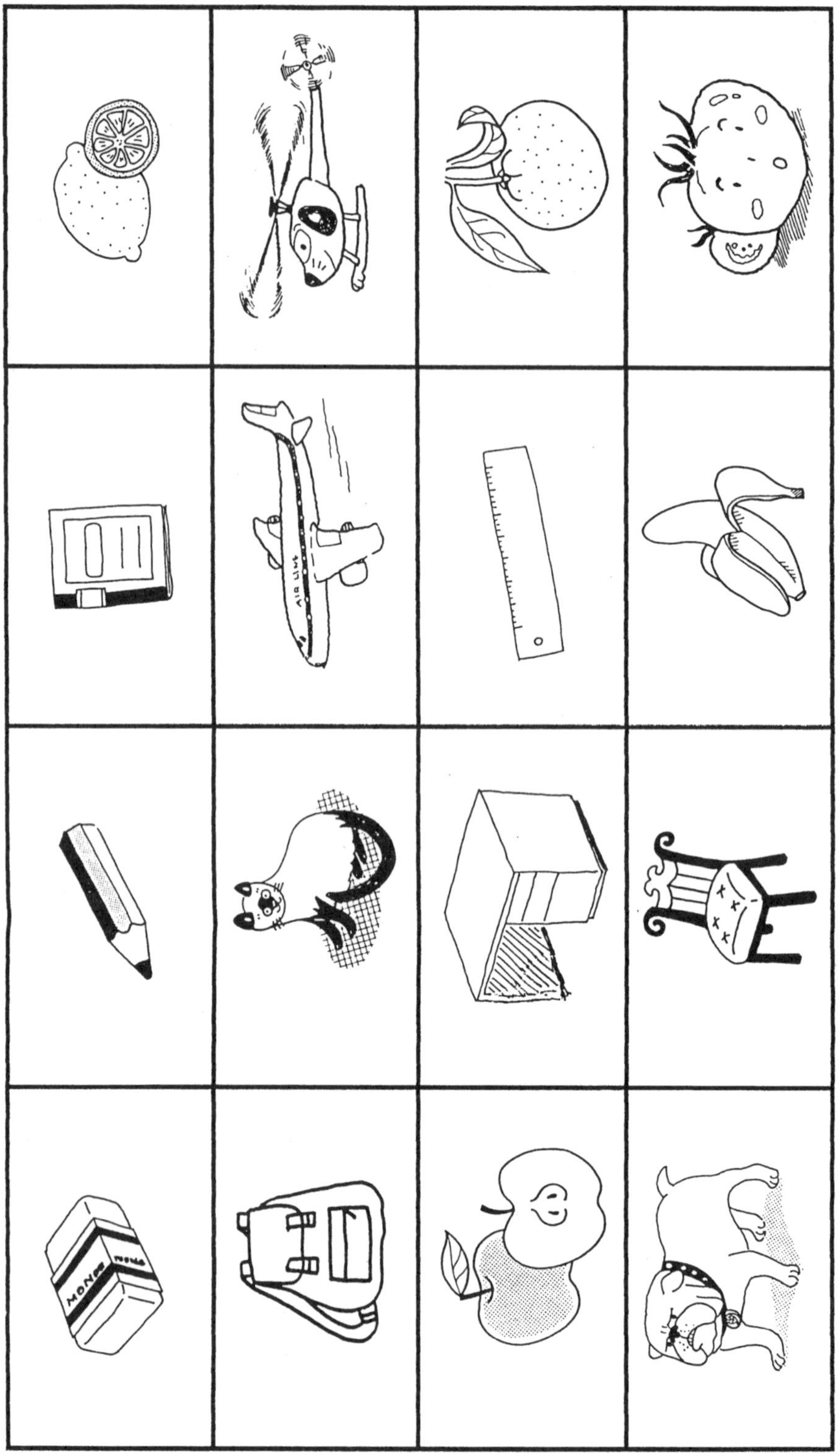

（資料３）ビンゴゲーム台紙

Let's Enjoy BINGO!

by Mr. Honda

1枚のカードの大きさは少し小さくして印刷します。

〔他のセット例〕

clock, hat, table, guitar, piano, violin, ear, eye, hand, mouth, fish, lion, octopus, monkey, rabbit, zebra

《イベント活動》

◎自己紹介スピーチ◎

自己紹介は，1学期に3回行わせています。1回目は最初の授業においてです。各生徒に，“My name is Tanaka Kenji. Nice to meet you.” と言わせ，初対面のあいさつを行います。2回目は最初のALTとのティーム・ティーチングの授業（4月中旬～4月下旬）においてです。“Hello. I'm Sato Noriaki. Call me Nori. Nice to meet you.” と4文程度の自己紹介を行わせます。ここでは，一人ひとりに外国人と英語を話す機会をもたせるとともに，相手と目を合わせること，握手をする際に手をしっかりと握ることなど，初対面のあいさつを行う際のnon-verbal面も含めて体験させることが目的です。3回目の自己紹介は，1学期末にスピーチ形式で行わせます。

人前でスピーチを行うことは，生徒に限らず，誰でも嫌なものです。最初のスピーチ指導では，原稿を書くことと人前で話すという

（資料4）ワークシート

〈モデル文〉

Hi!	あいさつ
I'm Honda Toshiyuki.	名前
Call me Toshi.	どう呼んでほしいか
I'm 13 years old.	年齢
I live in Shiohama.	住んでいるところ
I like dogs, but I don't like cats.	好きなものと嫌いなもの
あと1文～2文	〈あと1文の例〉を参考にする
Thank you.	終わりの言葉

〈あと1文の例〉

I'm a good soccer player. I'm a good singer.

I'm in the basketball（badminton, tennis, soccer, brassband, *kendo*） club.

I play the piano（the guitar, baseball, tennis, soccer, *shogi*, *igo*）.

〈スピーチ原稿を書いてみよう〉

Hi. I'm ____________________. Call me ____________________.

I'm __________ years old. I live in ____________________.

I like ____________________, but I don't like ____________________.

____.

____.

Thank you.

２つのハードルをいかに低く思わせるかが大切なポイントです。この活動の目標は，「英語でスピーチを行うことのへ自信をつけさせること」と「原稿の書き方の基本を身につけさせる」ことです。原稿指導においては，「言いたいこと」より「言えること」に絞らせます。モデル文を手本に，語句を入れ換えたり，文をつけ加えることが中心となりますが，自由に１～２文つけ加えさせることで，創意工夫のできる設定となっており，また，聞き手にとっても新しい情報が得られるようにしています。

〈指導手順〉

(1)　スピーチの説明を行い，教師がモデルスピーチまたは過去の作品を見せることで，活動の具体的なイメージを生徒に持たせます。

(2)　ワークシート（資料４）を配付し，モデル文の内容を理解させます。

(3)　モデル文の共通部分の音読指導を一斉に行います。

(4)　モデル文を参考にしながら英文を完成させます。教師は机間巡視を行い，個々の生徒の指導（添削）を行います。

(5)　原稿が完成した生徒から原稿チェックと音読チェックを行います。音読チェックを行うことで，まちがった音声のままで暗記してしまうことを防ぐことができ，また，生徒が自信をもって話すことができるようになります。

(6)　各自で暗唱させます。壁などに向かって練習させると，他の生徒が気にならなくなり，集中させることができます。家庭では，鏡に向かい，アイ・コンタクトを意識しながら練習するよう指示を出します。

(7)　スピーチ本番前に，次の指導を行います。

①　席を立つところからスピーチを終えて席に着くまで，しっかりとした態度で行う。

②　聞き手に内容が伝わるように，聞き手を見て，はっきりと適切な声の大きさで話す。

③　聞き手は，話し手の顔を見て聞く。

〈評　価〉

最初のスピーチであるので，生徒に基本的なことを意識させるような評価規準を提示して，評価します。４つの項目それぞれを２点として，合計８点で評価します。

総合評価　**Ａ**：７～８点　　**Ｂ**：５～６点
Ｃ：０～４点

ア　態度（席を立つ→聞き手を見る→席に座る）

２点：十分に満足できる。
１点：聞き手を見なかったなど，不十分なところがある。
０点：指導したことができない。

イ　声の大きさ（教室のうしろに立った教師に十分に聞こえる声の大きさ）

２点：教師に十分に聞こえる声の大きさである。
１点：一部，声が小さくて聞き取りにくいところがある。
０点：声が小さくて聞き取れないところが多い。

ウ　発音・明瞭さ（「英語らしい発音」を心がけ，はっきりと話しているか）

２点：英語らしい発音を心がけ，聞き手を意識してはっきりと話している。
１点：発音が日本語のようになる。また，固有名詞がはっきり聞き取れない。
０点：ほとんど伝わらない。

エ　暗記（英文を暗記しているか）

２点：完全に暗記している。
１点：完全には暗記していないが，準備した内容をなんとか伝えることができる。
０点：途中でかなり長い沈黙がある。た

びたび原稿を見る。

《授業アイディア》

◎最初の授業◎

最初の授業に何を行うべきか，いろいろな考え方があると思います。私は，「英語の授業は英語で行う」ことを印象づけるために，最初の授業はすべて英語で行います。ただし，教師が一人でペラペラ話して，生徒が理解できないようでは，その後の英語の授業に不安感を抱かせるだけです。私が中学1年生のときに教わった先生は，GDM（Graded Direct Method）で著名な箕田兵衛先生でした。私は30年以上前に受けた箕田先生の最初の授業を，今でも鮮明に覚えています。インパクトのある授業でした。最初の授業は，生徒が一生覚えているような授業にしたいと思っています。

私は，GDMの手法を一部取り入れ，次のような指導を最初の授業で行っています。

1 初対面のあいさつ

（この日だけは休み時間から教室に入らないで，チャイムと同時に教室に入りながら）

T : Hi, everyone! My name is Honda Toshiyuki.（Honda Toshiyuki と板書する）Please call me Mr. Honda.（Mr. Honda と板書する）I'm very happy to meet you.（一番前に座っている元気そうな生徒を選んで近づき）Stand up, please. My name is Honda Toshiyuki. Your name, please.（言えない場合は "My name is Honda Toshiyuki. Your name, please." と再度ゆっくりと言う）

S1 : Akashi Tatsuo.

T : Nice to meet you, Tatsuo. （握手をしながら "Nice to meet you, too. とささやく）

S1 : Nice to meet you, too.

T :（そのうしろの生徒に）Stand up, please. My name is Honda Toshiyuki. Your name, please.

S2 :（My name is） Abe Fumitoshi.

T : Nice to meet you, Fumitoshi.

S2 : Nice to meet you, too, Mr. Honda. （何人かとあいさつを交わしているうちに "My name is ～." "Nice to meet you, too, Mr. Honda." と正しく文で言う生徒が出てくるので，"Good." とほめると，そのあとの生徒もまねて言うようになる）

（同様に，全員とあいさつを交わす）

2 人称代名詞 "I" と "you" の導入

T :（自分を指さしながら）I.（生徒を指さしながら）You.（これを何回か示す）

（1人の生徒を前に出させて）

T : You're my partner. （自分を指さしながら）I.（**S3** の手を取り，教師を指さすようにさせて，小声で "you" と言う）

S3 : You.

T : Good.（**S3** を指さして）You.（**S3** の手を取り，**S3** 自身を指さすようにさせて）

S3 : I.

T：Good.（教師が “I” と言ったら “You”，“You” と言ったら “I” と指さしながらできるようになったら）Thank you, **S3**. Now your turn, everyone. Let's try. I.

Ss：You.（全員を見回し，できているか確認する。指さしていなければ “Gesture, please.” と指示を出す）

T：You.

Ss：I.（I と you を織り交ぜ，同じ要領で何度か行い，全員ができるようになったら）

T：You are good. Now level up. Level 2.（生徒はテレビゲームなどで level という言葉を知っているので，これを利用する）

T：（先ほどより言うスピードを上げて）I.

Ss：You.

T：I.

Ss：You.

T：Very good. OK. Level 3.（だんだんレベルを上げていく）

T：You're great! Now make pairs. You're a pair. You're a pair.（隣同士ペアになるよう指示を出していく）From this side, you say “I” or “you”, and the other side answers. Ready, go!（これが生徒にとって初めてのペアワークとなる） Stop doing that. Now this time, from this side. Ready, go!

3 アルファベットの導入（Aa および Bb のみ）

T：（“A”を板書して） What's this?

Ss：A.

T：Yes, this is “A.” The alphabet has two types of letters. This is a capital letter and（小文字を板書して）this is a small letter. “A” is the name of this letter, but its sound is different. Sound.（黒板をたたく）This sound is /æ/. Copy me, /æ/.（大文字と小文字のBを板書して）What's this name?

Ss：B.

T：Good. B is the name of this letter. The sound is /b/. Copy me, /b/.

Ss：/b/.

（（資料5）『Active Phonics』（松香フォニックス研究所，正進社）を生徒に配付する）

T：Open your textbook to page 4.（指で「4」を示す）Let's write “A.”（黒板に4線を引き，大文字のAの書き方を示す）Please write “A” six times.（机間巡視を行い，確認を行う。このとき，書くことが速い生徒はすぐに小文字やBに進もうとするが，“No, not yet.” と書かないように指示を出す。このような場面からしつけを行っていく）

（同様に a, B, b について指導する）

T：（ワークブックの音素聞き取り問題を指さしながら）Now look at this.

I'll say a word and circle the initial letter.（“a・b” と板書し，a に○をつけながら “Circle” と説明する）What's an initial letter? For example, my name is Honda.

"H" is the initial letter. Toshiyuki. "T" is the initial letter. Please circle a or b.
No-1. Alligator.
(以下，No-5まで行う)

T : Now would you tell me the answers? No-1, alligator, a or b?

Ss: a.

T : Good.（以下同様に答え合わせを行う）

4 あいさつ

T : Good-by, class.

Ss: Good-by, Mr. Honda.（Mr. Honda をつけてあいさつができるようにさせる）

(資料5)

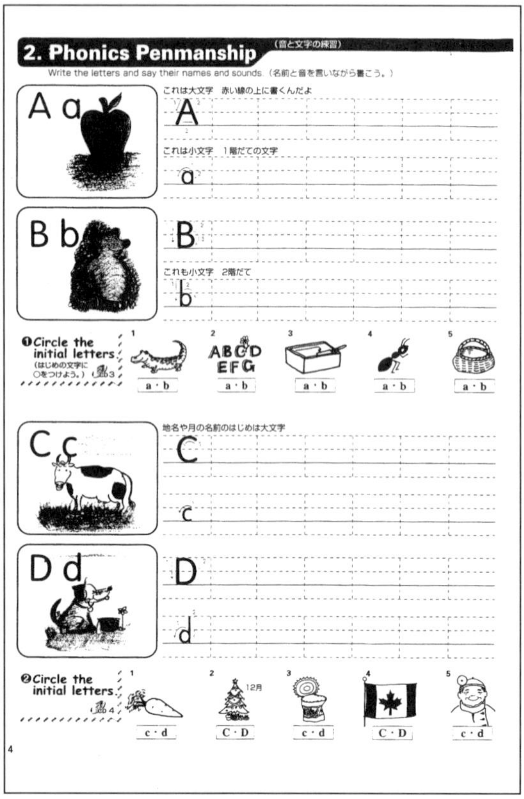

アルファベットの指導は，最初の授業ではAとB，2回目の授業ではCとDの2文字だけですが，3回目の授業からは4文字ずつ導入していきます。したがって，8日間ですべてのアルファベットを学習することになります。以前は大文字と小文字に分けて，一度に導入していたのですが，1回の授業で4文字ずつ，音と文字の両方を導入し，書かせる作業も行わせるほうが，生徒も飽きずに，またslow learnerにも無理がないようです。

2回目以降の授業は，『コミュニケーション・タイム』で紹介した「絵カードビンゴ」の指導も行います。教科書を用いた指導は，5回目の授業から少しずつ行っていきます。

《評価実践例》

◎学期末に行う発音・音読テスト◎

フォニックスの指導を行ったので，単語レベルで正しく発音できるか，また，教科書本文を正しく音読できるか，実技テストで評価します。

「単語の発音」については，各語の下線部の発音が正しくできているか，右側の欄にチェックしていきます。この評価は，「言語や文化についての知識・理解」に含めます。

「本文の音読」については，「声の大きさ」「発音」「イントネーション」「口の形」の4項目で評価します。各項目の評価基準は次のとおりです。この評価は「表現の能力」に含めます。

ア　声の大きさ（教師に聞こえる適切な声量を意識させるために，この項目を明記しています。実際には，ほとんどの生徒を「2」と評価します。）

２：十分なボリューム

１：ややボリュームが足りない

０：聞こえない

なお，「0：聞こえない」では評価できないので，声を出すように指示を出して，テストをやり直します。

イ　発音（個々の発音は「単語の発音」で評価しているので，全体を総合的に評価します。）

２：正しく発音している

１：少し誤りがある

０：かなり誤りがある

ウ　イントネーション（“What do you have?” “Do you have any pets?” “No, I don’t have any pets.” の３文を評価します。）

２：３文とも正しい

１：２文が正しい

０：０文～１文が正しい

エ　口の形（口の形を意識させながら発音させることはとても重要です。「口の形」の項目を明示し，th, f, v, o, e などの発音を生徒に意識させています。）

２：正しい口の形

１：やや不十分

０：口が動いていない

（資料６）評価基準表の例

１年生１学期発音・音読テスト

１年＿＿組＿＿番　氏名＿＿＿＿＿＿＿＿＿＿

〈単語の発音〉

①	apple		
②	bear		
③	fish		
④	king		
⑤	violin		
⑥	yard		
⑦	rabbit		
⑧	tiger		
⑨	zebra		
⑩	witch		

／20

〈本文の音読〉

Nick　: This is a cute cat.
I have some pets, too.
Aki　: What do you have?
Nick　: I have a dog. His name is Spot.
I have four little birds, too.
Do you have any pets, Kenta?
Kenta : No, I don’t have any pets.
But we have some fish.

ア	声の大きさ	２・１・０
イ	発音	２・１・０
ウ	イントネーション	２・１・０
エ	口の形	２・１・０

3 1年2学期の実践例

《コミュニケーション・タイム》

◎Q&A◎

質問に対する応答の練習方法を紹介します。目的は「正しく応答できる」「2文で応答する習慣をつけさせる」の2つです。次の3段階で行っています。

生徒全員を立たせ，順番に質問をしていきます。応答した生徒は順次座らせます。

〈第1段階〉

到達目標：質問に対して正しい文の形で応答できる。

質問の例：

Do you like baseball?
— Yes, I do. / No, I don't.
Are you in the tennis club?
— Yes, I am. / No, I'm not.
What sport do you like?
— I like basketball.
Where do you live?
— I live in Shiohama.

最初は "Do you ～?" "Are you ～?" の2つのタイプの質問に対して正しく応答できるようになるまで繰り返します。これに疑問詞疑問文を織りまぜていきます。

〈第2段階〉

到達目標：2文で応答できる。

質問の例：

Do you play any sports?
— Yes, I do. I play basketball.
Do you like Japanese food?
— Yes, I do. I like sushi.
Do you like music?
— No, I don't. But I like sport.
Do you live in Tokyo?
— Yes, I do. I live in Koto.
Are you in the music club?
— No, I'm not. I'm in the *kendo* club.

教師は生徒の情報をすでに知っているので，本当に知りたくて質問しているのではなく，応答練習のために質問しています。したがって，生徒に合わせて質問を変えています。2つ目の文は，同じような情報にパターン化してしまうことが多いのですが，おもしろい情報を言った生徒には "Very good." などとほめて，さまざまな情報を言うようにさせます。

〈第3段階〉

到達目標：質問に対して正しい文の形で応答できる。

質問の例：

What kind of Japanese food do you like?
— I like sushi. I like *sukiyaki*, too.
What time is it now?
— It's ten forty-five.
How old are you?
— I'm 12 years old.
Do you like music?
— Yes, I do. I like pop music.
Does Keiko like music?
—Yes, she does. She likes pop music.

最終段階として，さまざまなタイプの質問文を織りまぜて質問します。2文で答えられない質問もあるので，「できるだけ2文で答えましょう」と指示を出します。"Does Keiko like music?" のように直前の生徒が応答した内容について質問することもあります。

《イベント活動》

◎創作スキット◎

授業の復習の段階で，教科書本文（対話文）を使ったロールプレイを１学期から行わせると，人前で英語を話したり，演技したりすることに慣れてきます。また，生徒の思いもよらない面が見られることもあります。オリジナル・スキットを創作させる場合は，まったく自由に作らせる場合と，条件をつける場合とがあります。1学期5月頃に行わせるスキットでは，次のような場面や条件をつけてオリジナル・スキットを作らせています。

〈条　件〉

・３人１組（生徒A，B，C）に外国人講師（ALT）が参加する。
・生徒A, BとALTが生徒Cの家を訪問する。
・生徒CはALTとは初対面で，A（またはB）がCにALTを紹介する。
・リビングルームで会話を行う。"Is that your hat?" など，教科書で学習した英文を使う。まわりにラケット，ボールなどの小道具を置いておくので，それらを利用する。途中でALTがアドリブで会話に参加する。生徒に，"Is that your tennis racket?" のような質問をしてもらう。生徒がALTに質問する場面を作っても良い。

このスキットでは，あらかじめ台本を作らせますが，ALTがアドリブで会話に参加するので，即興的な対応，応答が必要となります。

２学期に２回目のオリジナル・スキットを次の場面と条件で作らせます。

〈条　件〉

・４人１組（生徒A，B，C，D）で，１人がハンバーガー店の店員役，３名が客役となる。
・ハンバーガー店で飲み物とハンバーガー類を注文し，店内で食べる。
・店内のテーブルで，３人が自由会話を行う。会話の内容はどんなものでもかまわない。
・１人２回以上は発話のある台本を作成させる。

店やハンバーガー店のスキットはよくありますが，ただ買い物や注文をするだけではなく，テーブルで自由会話をさせると，創意工夫のよく表れるスキットとなります。

〈評　価〉

ア　協力（協力してスキットを行っている）
　２：十分満足できる
　１：少し協力度が足りない
　０：協力していない
　スキットはグループで行う活動なので，このような評価項目を入れておきます。

イ　内容（スキットの内容に工夫が見られ，既習の英語をたくさん使っているか）
　２：十分満足できる
　１：少し工夫や情報量が足りない
　０：努力不足

ウ　演技（感情を込めたり，大きな演技をしているか）

2 ：十分満足できる
1 ：あまり感情が込められていない
0 ：努力不足

《授業アイディア》

◎世界の時刻早見表◎

時刻のたずね方や答え方を行う際に，どの教科書も時差について取り上げています。そこで，各生徒に「世界の時刻早見表」を配付し，主要都市の時刻をたずねたり答えたりする練習を行います。

〈時刻早見表の使い方〉

日本の時刻を基準に考える場合，現在の時刻を Japan のところに合わせます。たとえば，午後 1 時 30 分だとすると，13 の数字を Japan に合わせます。すると New York は 23 の数字となるので，午後 11 時 30 分となります。

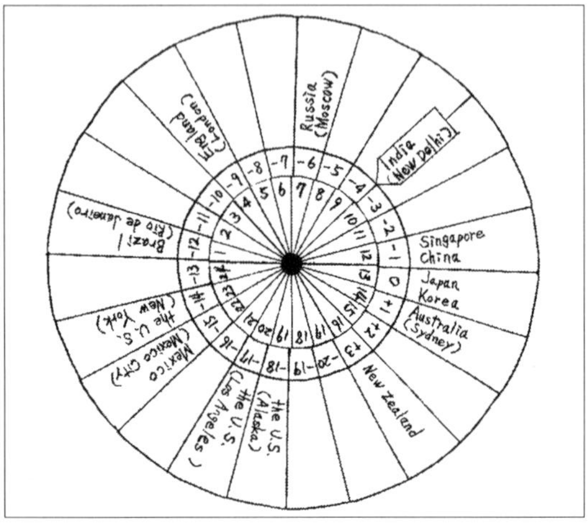

〈活動のさせ方〉

はじめは『時刻早見表』に慣れさせるために，教師が質問を行い，生徒に答えさせます。

T : It's four in the morning in Japan. What time is it in Rio de Janeiro?

S : It's four in the afternoon.

次に，生徒をペアにして，クイズを出し合わせます。慣れてきたら，日本を基準にするのではなく，他の都市を基準にして質問させます。

S1: It's ten in the evening in New Zealand. What time is it in England?

S2: It's ten in the morning.

〈時刻早見表の作り方〉

① 次のページの時刻早見表（資料）をＢ４サイズに拡大コピーします。
② 画用紙に生徒の人数分印刷します。
③ 大きな円盤が正方形になるように，電動カッターで切り取ります。
④ 小さな円盤を実線に沿って円形に切り取ります。
⑤ 画びょうを使って２枚の円盤をつなぎます。このとき，円盤の中心に画びょうを突き刺すようにします。
⑥ 画びょうの針を金槌で叩いて折り曲げます。
⑦ 荷造り用の布テープを画びょうの針側に貼りつけます。

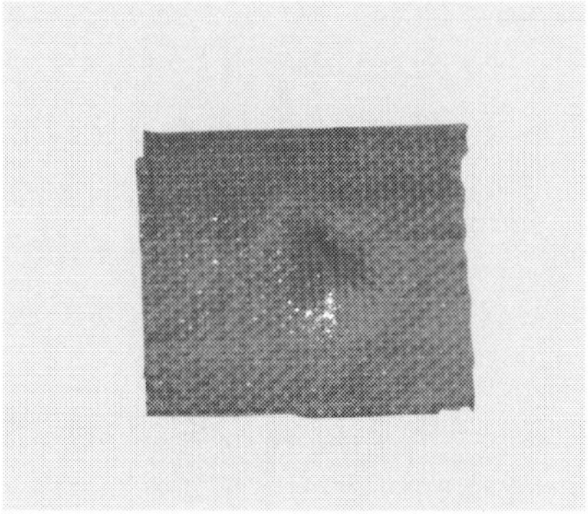

（資料）時刻早見表の型紙

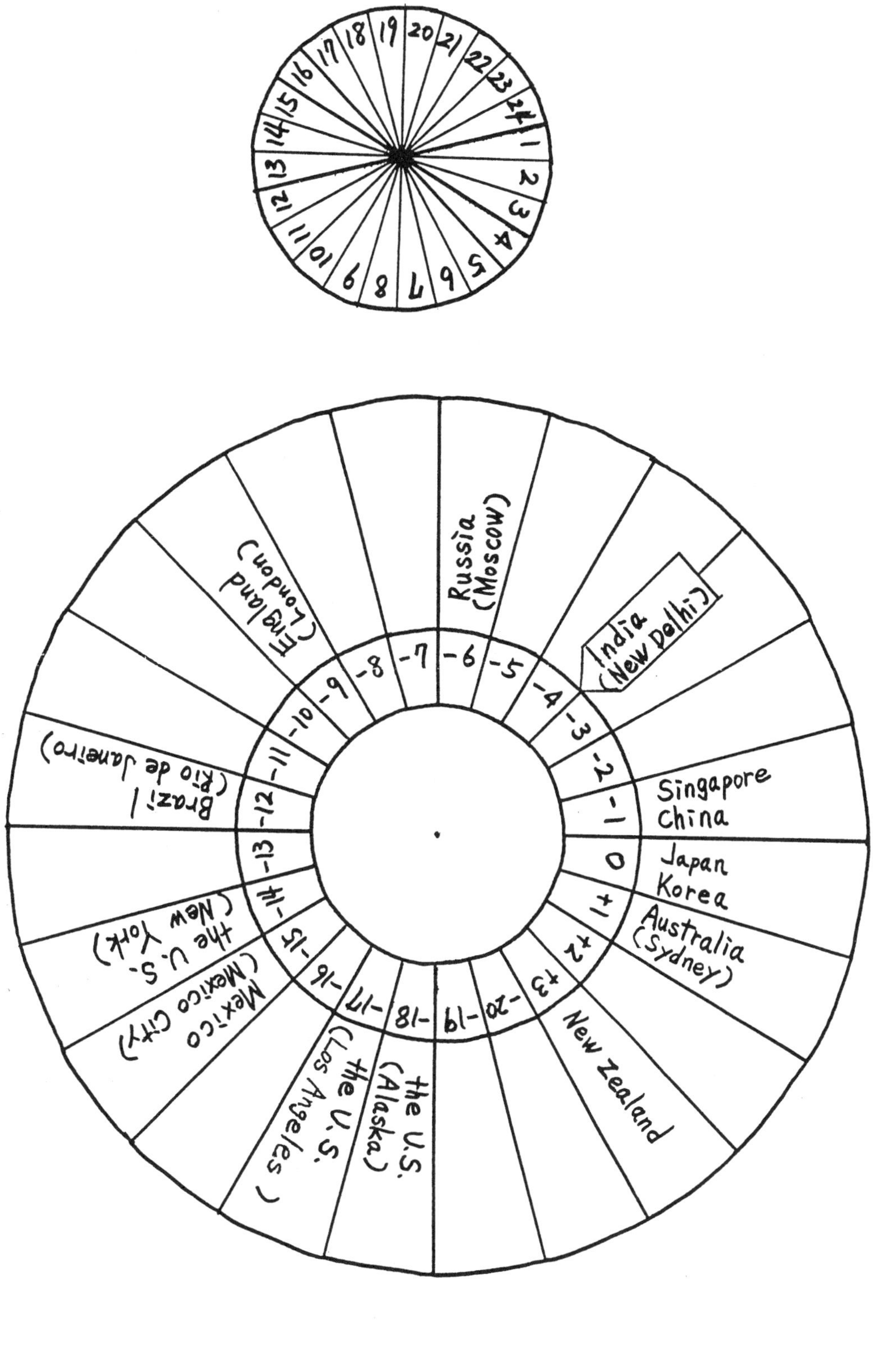
1
2
3
4
5
6
7
8
9
10
11
12
13
14
15
16
17
18
19
20
21
22
23
24
-1
-2
-3
-4
-5
-6
-7
-8
-9
-10
-11
-12
-13
-14
-15
-16
-17
-18
-19
-20
0
+1
+2
+3
Russia (Moscow)
India (New Delhi)
England (London)
Brazil (Rio de Janeiro)
Singapore
China
Japan
Korea
Australia (Sydney)
New Zealand
the U.S. (New York)
Mexico (Mexico City)
the U.S. (Los Angeles)
the U.S. (Alaska)

《評価実践例》

◎Q&Aの実技テスト◎

『コミュニケーション・タイム』で行ったQ＆Aの実技テストを紹介します。

評価規準：質問に対し，関連した情報を付加して相手に適切に応答できる。（適切さ）

内　　容：質問に対し2文で応答していく。

実施時間：1人に対して1分間。（1分間，次々に質問していく）

評価基準：質問に合った答えと質問に関連した付加情報ができて1点。

総合評価：A＝5点以上　B＝3～4点　C＝0～2点

試 験 官：ALT（質問と評価を行う）

場　　所：別室または廊下（1人ずつテストを受ける。JTEは教室にて別の指導を行う）

方　　法：

① 評価カードの記入をさせる。

② 出席番号順に，1人ずつ別室に行かせる。（3人をはじめに行かせ，1人が教室に帰ってきたら次の生徒を行かせる）

③ 各生徒が評価カードをALTに渡す。

④ テストを受ける。ALTは評価カードに記入する。（評価基準を達成していたら，1から順に○をつけていく）

⑤ テストを終えたら教室に戻る。

EVALUATION CARD
NAME ____________________
1・2・3・4・5・6・7・8

質 問 例：次のように質問文を設定しておき，ALTが自由に選んで質問する。

1番目の質問

・Do you like sports?

・Do you live in Tokyo?

・Do you like Japanese (Chinese) food?

2番目の質問

・Are you in the music (tennis, soccer, basketball, *kendo*) club?

3番目の質問

・Do you have any pets?

・Do you get up early?

・Do you go to bed early?

4番目の質問

・Do you watch TV every day?

・Do you study every day?

・Do you know Hamasaki Ayumi (Morning Musume)?

5番目の質問

・Are you from Hokkaido?

・Are you a baseball (soccer, music, basketball) fan?

・Are you a good tennis (soccer, basketball, badminton) player?

6番目以降の質問

6番目以降は次の質問を順次行います。

・Do you have many CDs?

・Do you play the flute (guitar, piano)?

・Do you eat three meals?

・Do you have any brothers (sisters)?

・Do you often call your friend in the evening?

4　１年３学期の実践例

コミュニケーション・タイム

○チャットの指導 Ⅰ○

生徒同士で会話を展開していくコミュニケーション活動を『チャット』と名づけました。私は，チャットの指導はとても大切だと感じています。口頭ドリルやインタビュー活動などで，与えられた英文を言うのではなく，自分で発話内容を考え，英語表現を選び，それを相手がわかるように伝える訓練は中学１年生から絶対に必要です。

１分間でチャットを行わせることが多いので，“One Minute Chat” という活動名で呼んでいます。One Minute Chat の具体的な活動方法を以下に紹介します。

(1)　３回を１ユニットとし，いずれの回も同じ文で会話を始めさせます。１回の授業で１回のチャットを行わせるので，１ユニットを終えるのに３日かかります。同じトピックを３回，パートナーを替えて行うことにより，１回目には１分間続かなかったとしても，英語表現をパートナーから学んだり，話す内容を準備するなどして，２回目，３回目と回数を重ねていくにしたがって，会話内容が充実し，ほとんどの生徒が１分間，会話を継続させられるようになります。

(2)　生徒をペアにします。座席番号（左から３列目の前から４番目なら「Ｃ４」のように）を書いたマグネットシートを，適当に２つずつ組み合わせ，小さなホワイトボードに貼ったものをあらかじめ用意しておき，そのホワイトボードを生徒に見せて，

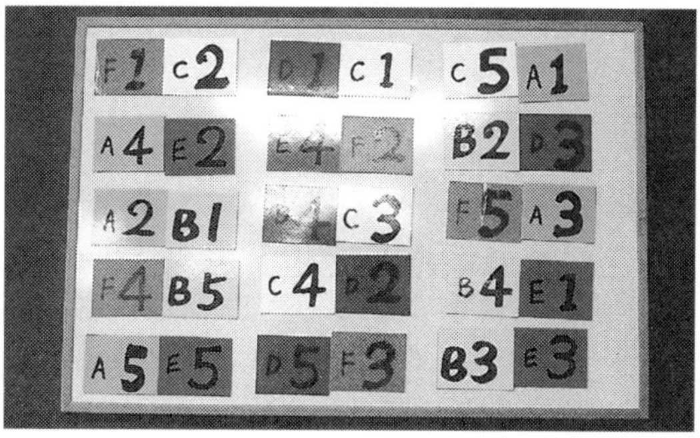

ペアを作らせます。

(3)　チャットの話題となる「最初の文」を生徒に提示します。生徒が関心をもち，話しやすい話題となるよう配慮します。

（例）Do you play any sports?
　　　What kind of music do you like best?

(4)　１分間のチャットを行わせます。その際，１組のペアの会話を，全体へのフィードバック用として録音します。小型テープレコーダにピンマイクを２本，下の写真のように接続し，マイクを口元に持たせて録音すると，音声がクリアに録音できます。なお，計時はキッチンタイマーを用います。

(5)　会話終了後，次のことを評価カードに記入させます。

①　パートナー名

②　会話で得たパートナーについての情報

He likes tennis very much. He is in the tennis club. He doesn't play soccer. のようにレポート文を書かせます。このレポート文を書かせることで，

生徒が苦手としている主語が3人称の英文の良い練習となります。

③ 自己評価

評価項目は活動の目標でもあるので，1回目から3回目に進むにしたがって，レベルが高くなるように設定しています。また，各回の3番目の評価項目は，私がその都度設定したり，各自で自由に設定できるよう空欄にしています。

(6) サンプルとして録音したペアの会話を全員で聞き，会話の発展のさせ方や表現についてのアドバイスを与えます。

(7) 第3回終了後，「今回の反省」欄に反省や感想を記入させ，評価カードを提出させます。英文の誤りを添削し，A～Cの評価に励ましの言葉を添えて生徒に返します。

(資料1) One Minute Chat の評価カード

ONE MINUTE CHAT

年　組　番氏名

UNIT-	最初の文：

①	DATE：	PARTNER：	EVALUATION
	相手の情報：		eye contact ・・・・・・・ A B C D Well 等を使った・・ A B C D ・ A B C D TOTAL・・・・・・ A B C D
	こんな表現が言えたら：		

②	DATE：	PARTNER：	EVALUATION
	相手の情報：		2文以上の情報・・ A B C D 相手を助けた・・・・ A B C D ・ A B C D TOTAL・・・・・・ A B C D
	こんな表現が言えたら：		

③	DATE：	PARTNER：	EVALUATION
	相手の情報：		話の内容 ・・・・・・・ A B C D 1分間続いた・・・・ A B C D ・ A B C D TOTAL・・・・・・ A B C D
	こんな表現が言えたら：		

今回の反省：

このOne Minute Chatは２学期後半から始められます。最初に行うときには，まず日本語による会話を体験させます。多くの生徒は会話をすることに照れを感じるはずです。しかし，これを英語で行うと，照れは感じないようです。

最初に行うユニットの「最初の文」は，“Do you like tennis?” です。テーマは教科書の題材でよく扱われているスポーツや食べ物が適しています。指導項目は，「相手と目を合わせて会話すること」と「“Um...” という filler を用いること」の２点です。（資料 2）は，One Minute Chatの活動を初めて行った１年生の会話の記録です。チャットを始める前に，Q＆Aのドリルを十分に行っているはずなのに，実際に自分で英語を考えて使用する際には，“Do you like ～?” に対する応答文に “Yes, it is.” や “Yes, I am.” などの文法的誤りが生まれています。この生徒たちは，録音テープを聞いた際，すぐに誤りに気づいていました。頭では理解していることでも，実際の使用場面では，誤って使用してしまうことはよくあることです。この生徒たちは２回目のチャットでは，“Yes, I do.” と正しく応答

（資料２）One Minute Chatの記録カード

ONE MINUTE CHAT 記録カード

学年 1 年　NO- 1　＿回目　記録日：平成 9 年 11 月＿日

氏名＿＿＿＿＿＿　＿＿＿＿＿＿　開始文 Do you like tennis?

指導内容： eye contact, filler (Um...)
会話記録：

秒	A	B
0	Do you like tennis?	
3		Yes, it is.
6	Yes, I am.	Do you play tennis?
9	Yes, I am.	アー
12	Um.. Um.. Um えーと	
15	Yes, I am. Do you play soccer, too?	Do you play soccer?
18		
21	I like tennis.	Yes, I am.
24	You like Do you like tennis? あれ?	
27		Yes, Yes,
30		
33	Do you like soccer?	
36		Yes, it is. Do you like baseball?
39	Yes, Yes, it is.	
42		
45	えーと, Do you play tennis?	
48		Yes.
51		
54	Um Um Um Um Um Um...	
57		
60		全然ダメだ ――
	39 words	24 words　63 words

できたはずです。

それでは，1年次に指導している会話技術や態度を説明します。

① Eye contact

会話を行う際の基本中の基本です。

② Fillers

相手に伝えたいことがあるが，単語や表現が思いつかなかったときにfillerを使わせます。Well, Um, Let me see, Erなどのfillerを紹介し，チャット中に必ず1回は使うように指示を出します。「3秒以上は沈黙しないように」と指導しています。

③ Rejoinders 1

"Uh-huh" "Yes" など，「あなたの話を聞いていますよ」というサインを出させます。このようにチャットの指導では，話し手だけではなく，聞き手の指導も行います。実際の会話では，聞き手がさまざまな相づちを挟んだり，関連する質問を行うことで，会話が滑らかになります。聞き手への指導はとても大切です。聞き手がいかに大切な役割であるかを理解させるために，この項目を指導する際に，生徒の1人を指名し，日本語で次のような会話を行います。

T：昨日の夜，何したか先生に話してみて。

S：エーッと，7時からテレビを見て，9時からちょっと宿題やって…

T：──(生徒が話している間，教師はじっと生徒の目を見て，何も反応しない)

このように聞き手が何も反応しないと，話し手は話しづらいことを述べてから，その生徒に同じことを話してくれるように頼みます。

S：7時からテレビを見て…。

T：へえー，何のテレビ見たの？

S：サッカーです。

T：(しばらくサッカーの話題をしてから)それから何したの？

S：宿題です。

T：何の宿題？

今回は聞き手が反応している例を示します。「英語でもこのように聞き手がたくさん反応しよう」と述べ，その具体的な反応方法を指導します。

④ Sharing the conversation

1人がずっと話すのではなく，限られた時間を2人でshareするよう指導します。

⑤ Not "questions & answers interview," but "chat"

片方の生徒が質問ばかりして，もう一方の生徒がそれに答えるだけではチャットとは言えません。一方的なインタビューのようにならないように，生徒に注意を呼びかけます。

⑥ Response

最初の質問に対する応答を提示します。What kind of music do you like? を「最初の文」にするのなら，その答えとなる音楽の種類についての語いを提示する必要があります。

⑦ Expansion

応答文にもう1つの情報（文）をつけ加えさせます。2学期に行った「Q＆A」の活動がここで生きてきます。

⑧ Rejoinders 2

聞き手に相手の話した内容に対して相づちを打つようにさせます。That's great. I see. Really? That's too bad. などの相づちを紹介しています。

⑨ Echo

これはreaction wordsの1つで，私が名づけた会話技術です。相手の言ったことをオウム返しに言い返すことで，相手の言っていることを確認したり，聞いているという態度を示したりする働きがあります。人称の変換だけで言えるので，１年生でも簡単に使うことができます。

A：I can play the guitar.

B：Oh, you can play the guitar.

⑩ Questions

When?, Where?, Who with? などの基本的な質問を教えます。チャットにおいては，話の流れから主語や動詞などがわかっているので，多くの場合，When do you play tennis? のように文の形で質問する必要はありません。

⑪ Other kinds of questions

チャットを行う際に役立つ質問文を紹介します。

How about you? What else do you play? など

次のように自分の情報を言ってから How about you? と相手に質問させると，難しい質問ができない１年生でも簡単に質問することができます。

S：(好きな歌手を聞きたいが，Who's your favorite singer? が思い浮かばない場合) I like Hirai Ken. How about you?

《イベント活動》

◎スピーチ「家族の一人を紹介」◎

第三者について述べたり質問したりする練習を兼ねたスピーチを紹介します。

〈題　名〉

家族の一人を紹介しよう！

〈条　件〉

10文ちょうどで述べる。家族の紹介のときに写真を見せる。

〈方　法〉

１日４名ずつ行う。(順番は表にして教室に掲示する）個々のスピーチを行ったあとに，聞き手は話し手に質問を行う。(１回のスピーチにつき５名まで)

〈指導手順〉

(1)　本活動について説明します。過去に行った先輩のスピーチを見せたり教師が実演したりして，スピーチの内容についてイメー

（資料３）モデル文の例

〈モデル文〉

① Hello, everyone.	スピーチの始まりの言葉として述べる。
② I'll talk about my father.	誰について紹介するのかはじめに述べる。
③ His name is Kanaeda Michiaki.	
④ Look at this picture.	写真を見せるときに述べる。
⑤ This is my father.	紹介するときに述べる。
⑥ He is a cook for 'Kitchen Kiba.'	写真の人物について紹介する。
⑦ He likes baseball very much.	
⑧ We like Ichiro.	He ばかりが主語にならないように，自分の
⑨ I like my father.	ことも織りまぜると良い。
⑩ Thank you.	スピーチの結びの言葉。

〈別の表現〉

②の代わり→I'd like to talk about my father.

⑩の代わり→Thank you for listening.

〈別のモデル〉

Hello, class. I'd like to talk about my sister. Look at this picture. This is my sister, Takako.
She is 17 years old. She goes to Koto High School. She likes sports very much.
Her favorite sport is tennis. We sometimes play tennis.
Thank you for listening.

（資料４）マッピングの例

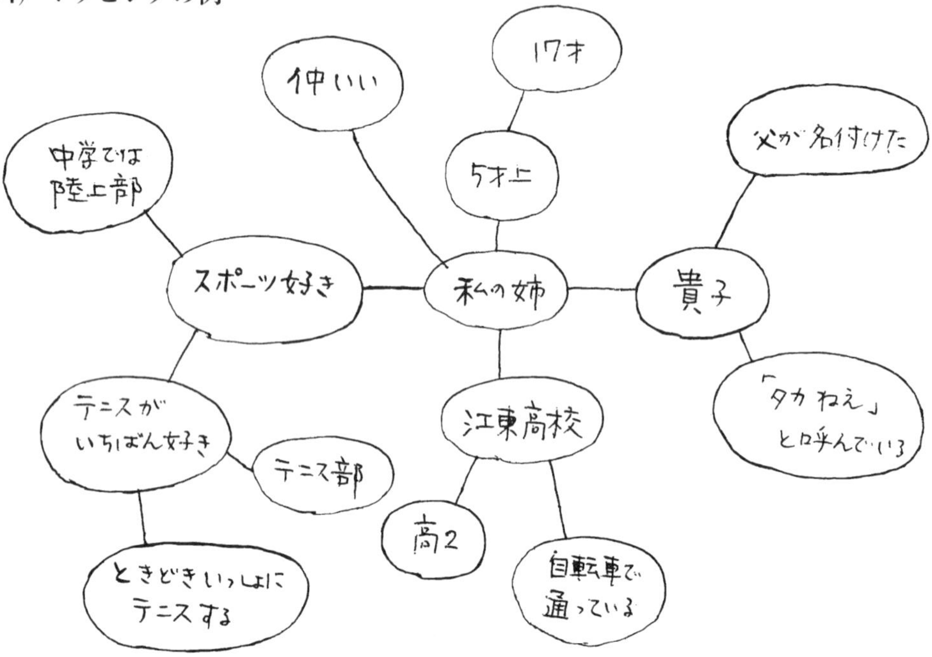

ジをもたせます。

⑵　モデル文（資料3）について説明します。このスピーチの場合，「10文で書く」ということを強調します。これにより英語が得意な生徒は，10文の中で情報量の多い原稿を作成しようと工夫します。また，英語が苦手な生徒にとっても，10文ならなんとかモデル文を参考にしたり，教師のちょっとした支援で，原稿を完成することができます。モデル文の①，②，④，⑤，⑩は決まり文句となるので，生徒が考えなければならない英文は，実際には4～5文となります。

⑶　家族の誰を紹介するのかを決めさせ，原稿を書くための材料を頭の中から引き出します。これを brainstorming と呼びます。

中学生に適した方法は次のものがあります。

① 箇条書き（思いついたものを箇条書きで書いていきます）

② メモ（思いつくままにメモしていきます）

③ マッピング（ある語から思いつくものをクモの巣状の図にしていく）

10 文レベルの原稿ではそれほど必要ではありませんが，教師が指導する際に上記のものがあると，生徒が何を書きたいのかよくわかるので便利です。ここでは「マッピング」の手法を用います。

(4) マッピング図をもとに，下書き原稿を完成します。原稿ははじめから英語で書かせます。教師が机間巡視を行い，文法，表現，綴りなどの間違いを訂正します。授業内で原稿を完成させる時間がない場合は，宿題とします。しかし，はじめから宿題にはしないで，ある程度書かせたところで宿題にすると家庭でも取りかかりやすくなります。

(5) 下書き原稿を提出させ，教師がチェックを行います。清書用紙（資料 5）に 1 行につき 1 文ずつ書かせたら，個々の生徒の音読チェックを行います。

(6) 発表は数名ずつ行わせます。事前に順番を書いた表を教室に掲示して，生徒に知らせます。

(7) 個々のスピーチのあとで，紹介した人物について聞き手から質問を行わせます。

〔聞き手からの質問例〕

・Does your father (he) like sports (music, soccer, Japanese food, sushi, swimming)?

・Does your father (he) play baseball (the guitar, video games, *shogi*, *igo*)?

・What is his favorite food (music, sport, fruit)?

答える側には，なるべく 2 文以上で応答させます。なお，聞き手に，「質問文を 2 つ考えて覚えてきなさい」と指示を出しておきます。

（資料５）清書用紙

氏名 ＿＿＿＿＿＿＿＿＿＿

この線で内側に折る

①	
②	
③	
④	
⑤	
⑥	
⑦	
⑧	
⑨	
⑩	

スピーチを行うとき，自信がない生徒にはこの清書用紙をもっても良いことにします。ただし，たての点線で折らせます。

この点線で内側に折ると，各文の頭の部分だけが見られるようになります。ある文が思い出せない場合は，その文の頭の部分を見て話します。もし，それでも思い出せない場合は，折った部分を広げ，全文を見ても良いことにします。沈黙が続くより，流れを切らないように話したほうが聞き手にとっても聞きやすくなるからです。

〈評　価〉

ア　内容（スピーチの内容がモデル文に沿って構成されている）
- 2：十分満足できる
- 1：一部わかりにくいところがある
- 0：情報量が足りない

イ　話し方（聞き手にわかるような声量で，明瞭に話しているか）
- 2：大きな声ではっきりと話している
- 1：少し声が小さかったり，はっきり話していないところがある
- 0：すべての聞き手が聞き取れない声量であったり，はっきり話していない

ウ　暗記（スピーチ原稿を暗記して行ったか）
- 2：完全に暗記している
- 1：2回以内，清書用紙（紙を広げない状態）を見た
- 0：3回以上清書用紙を見た，または紙を広げて見た

この他に，聞き手から話し手への質問を評価します。（「コミュニケーションへの関心・意欲・態度」に含めます）挙手の回数だけではなく，その質問の内容や話し手の応答内容について評価するようにします。

《授業アイディア》

◎視聴覚機器の活用◎

現任校には空き教室がなく，『英語科専用教室』を作ることができません。

3年前に異動してきて，私費で買った最初のものは14型ビデオ機能つきテレビでした。大画面のテレビのほうが良いに決まっていますが，なぜ14型か。それは持ち運びができるからです。

私費まで出してなぜテレビを買ったのか，それは4月の授業にすぐに必要だったからです。テレビはビデオを見せるだけでなく，さまざまな使い方ができます。授業を効果的に行うためには，CD（MD）プレーヤー（またはバーコードリピータ），テレビ，ビデオカメラ，小型テープレコーダの4つが最低でも必要です。

(1)　実物や写真を映す

本学期で紹介したスピーチにも写真を見せる場面があります。ただ話すだけでなく，写真，絵，実物などを見せながらスピーチを行うと，聞き手もよく理解できるし，楽しさも増します。

写真や小物をテレビに映す方法は実に簡単です。専用の小型CCDカメラも市販されていますが，わざわざ購入する必要はありません。家庭で使われている8mmビデオカメラ（今はデジタルカメラが普及しているので，古い8mmカメラが学校にあるかもしれません）が利用できます。

ビデオカメラの底には固定用のネジ穴がついていますので，それを三脚に取りつけます。三脚は脚の短いもの（安価なもの）を使います。このビデオカメラをテレビの入力端子に接続します。ビデオカメラにつ

いている切り替えスイッチを「カメラ」の位置にし，録画ボタンを「スタンバイ」にすると映像がテレビモニターに映し出されます。

オーラル・イントロダクションを行う際や，小さな絵や写真を映して，ピクチャー・カードの代わりにすることができます。

(2)　過去の作品を映す

これまで『イベント活動』で取り上げたスピーチ活動で，「先輩の作品を見せて，スピーチのイメージをもたせる」という記述がありました。過去のスピーチ，スキット，作品などを見せることで，それらより良いものができるようになります。年々質が向上していきますので，ぜひ録画しておくことをお奨めします。

(3)　スピーチ，スキットなどを録画する

家庭用ビデオカメラで生徒の活動を録画する場合，一番気をつけなければならないことは音声です。離れた場所から録画すると音声がクリアに入らないことがあります。これを解消するためには，次の２つの方法があります。

①　話し手の前にマイクを置き，それをビデオカメラの録音ジャックに接続する。

②　超指向性マイクやパラボラマイクが市販されているので，これを録音ジャックに接続する。

評価実践例

◎チャットの実技テスト評価◎

チャットの実技テストの例を紹介します。チャットの面接テストは，「表現の能力」（＝技能面）について評価することもできますが，「コミュニケーションへの関心・意欲・態度」に焦点をおいて評価することもできます。ここでは，「コミュニケーションの継続」について評価する面接テストの例を紹介します。

評価規準：会話を１分間続けようとする（コミュニケーションへの継続）

内　　容：試験官と１分間会話を続ける（被験者から話し始める）

実施時間：１人に対して１分間

評価基準：A＝相づちを２回以上，相手への質問を２回以上行っている。
B＝相づちを１回以上，相手への質問を１回以上行っている。
C＝相づち，質問を合計して１回以内しか行っていない。

試 験 官：ALT または JTE

場　　所：別室または廊下（１人ずつテストを受ける。ALT が試験官となる場合は，JTE は教室にて別の指導を行う）

会話を継続させるためには，相手に関連した質問をしたり，相づちを打ったり，自分の情報をなるべく相手に伝えたりすることが大切です。「コミュニケーションへの関心・意欲・態度」といっても，技能がなければこれが表れるものではありません。事前に指導を行う必要があります。この実技テストの場合，

「コミュニケーション・タイム」においてチャットを行い，会話を継続させるためのいくつかの方法を指導していなければ成り立つテストではありません。(どんなテストでも指導がなければ成り立ちませんが。) 本テストでは，生徒から会話を始めさせることで，題材を生徒が自由に選ぶことができます。また，事前にその題材について準備をすることができます。最初に行うチャットの実技テストは，このようにハードルを低く設定し，技能面ではなく，意欲や態度を評価すると良いかもしれません。

本テストでは，次のことが要求されていることを，事前に生徒に知らせておきます。

[ポイント1] 相づち

Really? That's great. That's nice. That's too bad. Me, too. などの相づち

[ポイント2] 相手への質問

① 相手が質問してきた内容を相手にも質問する。

(例) **T**: Do you like baseball, too?

S: Yes, I do. I like baseball very much. How about you? (Do you like baseball?)

② 相手が述べた内容に関連した質問を行う。

(例) **T**: I play baseball.

S: When do you play baseball? (Do you often play baseball?)

③ 自分が述べた内容について相手はどうか質問を行う。

(例) **S**: I like swimming. How about you?

5 2年1学期の実践例

《コミュニケーション・タイム》

◎Explanation Game 1◎

Explanation Game とは，「ある物について英語で説明するゲーム」です。本学期と3年2学期の2回で，学習段階に応じた指導内容を紹介します。

今回は，さまざまな動物を説明することで，3人称単数現在形，助動詞 can，形状・色・身体の部分などの語句の練習ができるよう工夫したものです。penguin なら "It is black and white. It has short legs. It can swim very well." のように2～3文で説明できることを到達目標としています。

ここで扱う動物は，魚類，鳥類，昆虫も含むことにします。このように物について説明する練習を行っておくと，会話の中で，ある物を伝えようとして，その英語名を知らない場合に，この方法で切り抜けることができるようになります。

また，これまで学習した語いや文法事項の良い復習にもなります。

〈指導手順〉

(1) 次の body parts および色に関する語について導入(復習)します。

Body Parts : ear, eye, neck, nose, mouth, arm, leg, tail

Colors : red, black, white, yellow, pink, green, brown, gray

Adjectives : big, small, long, short, tall

各語を導入したら，a long tail, short legs,

red eyes などと組み合わて練習します。

(2) 16の動物について〈1年1学期〉の『絵カードビンゴ』の手順で導入します。
ant, elephant, frog, giraffe, kangaroo, koala, monkey, octopus, panda, parrot, penguin, pig, rabbit, snake, tiger, zebra
『Two Hints *カルタ取り* Game』を次の例のように行います。これが到達目標のモデルとなります。

ant : It is very small. It has six legs. It's an ant.
elephant : It is very big. It has a very long nose. It's an elephant.
frog : It can jump. It is green. It's a frog.
giraffe : It lives in Africa. It has a long neck. It's a giraffe.
kangaroo : It lives in Australia. It can jump. It's a kangaroo.
koala : It lives in Australia. It is gray. It's a koala.
monkey : It has long arms. It eats bananas. It's a monkey.
octopus : It lives in the sea. It has eight legs. It's an octopus.
panda : It lives in China. It is black and white. It's a panda.
parrot : It can fly. It can talk. It's a parrot.
penguin : It can swim very well. It's black and white. It's a penguin.
pig : It has a short tail. It has a big nose. It's a pig.
rabbit : It can jump. It has red eyes. It's a rabbit.
snake : It is long. It has no legs. It's a snake.
tiger : It is black and yellow. It eats meat. It is a tiger.
zebra : It is black and white. It lives in Africa. It's a zebra.

(3) 動物を説明するための表現をまとめて板書します。

〈体の部分〉
It has ― [ears, eyes, legs, tail, neck, arms].
― 部分は，数や形状を表す語
〈形　状〉
It is [big, small, short, long, tall].
〈場　所〉
It lives in [the sea, the mountain, the jungle, Africa, Australia, China].
〈能　力〉　It can ～.
〈食 べ 物〉
It eats [meat, grass, fish].
〈　色　〉
It is [black, gray, white, yellow, pink, red, green].

(4) 4人1組でカルタ取りゲームを行います。4人の中で順番を決め，最初の人から順番に『Two Hints *カルタ取り* Game』の要領で，（黒板を見ながら）(2)のようなヒントを言い，残りの3人がカードを取り合います。机の上に置いたカードのどれを言っても良いことにします。

(5) 次ページの動物カード（資料1）を各生徒に配付し，動物名について確認します。

（画用紙に印刷したものを生徒に配付して，はさみで切り取らせます）

⑹　ペアでExplanation Gameを行います。カードを裏返してpile（山）にし，pileから一方の生徒が1枚めくり，そこに描かれている動物を2～3文でパートナーに説明します。パートナーは説明を聞いて，英語で動物名を答えます。これを交互に行っていきます。

⑺　どんな説明を行ったら相手がわかるかペアで考えさせます。たとえば犬なら，It is a pet. など，指導したこと以外の表現を工夫させます。

⑻　パートナーを替えてExplanation Gameを行います。ペアを替えることで，⑺で行ったことを共有することができます。

⑴～⑺の指導を2～3日をかけて行ったあとで，⑻のExplanation Gameを「コミュニケーション・タイム」で数回，ペアを替えて行います。3分間の時間を与え，ペアで何枚のカードを当てることができるか競わせます。

（資料１）動物カード

《イベント活動》

◎レポーティング&スピーチ「登場人物の紹介」◎

1年生の教科書の復習を兼ねたスピーチ「登場人物紹介」を紹介します。この活動はレポーティング（reporting）の一種です。レポーティングとは，自分が得た情報を第三者に伝えるための活動です。この項では，レポーティングについての説明，1年次に積み上げていくべきレポーティングの諸活動の紹介，スピーチ「登場人物紹介」の紹介を行います。

1．レポーティングとは

春子という生徒が夏子に “I went to Tokyo Disneyland with my family last Sunday.” と言ったとします。これを聞いた夏子が秋子に情報を伝えます。この場合，夏子が聞いた情報は，「春子が」「東京ディズニーランドに」「家族と」「この前の日曜日に行った」という who, where, who with, when の4つです。夏子にとって「東京ディズニーランドへ行った」ということが秋子に伝えたい最も重要な情報だとすると，“Haruko went to Tokyo Disneyland last Sunday.” のように伝えるでしょう。この場合，「家族と」という情報は夏子にとって重要ではないので，秋子には伝えないことになります。もちろん，夏子と秋子の会話の中では，「誰と行ったの？」といった情報を得るための質問が，秋子からあるかもしれません。春子が東京ディズニーランドへ行ったことを夏子がうらやましく思うなら，“（うらやましそうに）Haruko went to Tokyo Disneyland last Sunday. She was lucky.” と感情や感想を付加して伝えるかもしれません。また，“I went to Tokyo Disneyland with Fuyuhiko last Sunday.” のように家族ではなく「冬彦と行った」という情報を夏子が得たとしたら，“Haruko had a date with Fuyuhiko.” のように表現をかえて秋子に伝えるかもしれません。このように，実際のレポーティングでは，「事実を正しく伝える」ことだけではなく，情報を要約したり，取捨選択したり，感情や感想を付加したりする情報の加工が伴います。

教室においてレポーティングを行う意義や目的は次のとおりです。

ア　input した情報を output する機会を設ける。
　例：インタビュー活動で得た情報をクラスに発表する。

イ　発話する機会を増やす。
　例：インタビュー活動を行ったあとで，さらに隣同士で，得た情報を互いに報告し合う活動を入れる。

ウ　情報の処理能力を育てる。
- 第三者に伝えるための英文の変換
- 事実を正しく伝えること
- 情報の選択（被伝達者にとって必要な情報）
- 要約

エ　個人が得た情報を共有させる。

オ　情報が確実に授受されているか確認する。

カ　得た情報について自分の意見や感想をつけ加えさせる。

「ELEC同友会第7回英語教育研究大会要項（2001）」より抜粋

2．レポーティングの諸活動（第1学年）

レポーティングができるようにするためには，まず1人称で話された英文を3人称で報告するなど，文の変換ができるようにする必要があります。

⑴ 中学初期の段階（日常の指導の中で）

教師が生徒個人に質問し，その生徒が応答した内容を他の生徒に言わせる活動を，初期の段階から意識して行います。

example 例１

T : What club are you in, S1?
S1: I'm in the tennis club.
T : S2, please.
S2: S1 is in the tennis club.

example 例２

T : What sport do you like, S1?
S1: I like tennis.
T : S2, please.
S2: S1 likes tennis.

教師が生徒個人に質問したあと，他の生徒に情報を復唱させます。このような活動を習慣化することで，生徒個人の応答を他の生徒がしっかり聞くようになり，また文の変換の良い練習ともなります。［例 1］は，3 単現の s を導入する以前の例です。1 年 1 学期から取り入れられます。

⑵ インタビュー活動のあとで

"What sport do you like?" のようなインタビュー活動を行ったあとで，レポーティング活動を取り入れます。"Naoko likes basketball. Ken and Minoru like baseball." などのように報告させます。この活動を行うことで，発話する機会を増やすだけでなく，個人で得た情報を共有化する，インタビューされた生徒は情報が確実に伝わっているかどうか確認できる，などの機会が生まれます。短時間ですが，複数の効果をもった良い活動です。

⑶ 英文変換の練習

3 単現の s の導入を行ったら，英文変換ができるようにするための練習を，次のように行います。

① **教師からの情報を変換する練習**

教師の話した英文を，主語を He (She) にかえて変換させます。

T : I have a sister.
Ss: <u>He</u> <u>has</u> a sister.
T : I don't have any brothers.
Ss: <u>He</u> <u>doesn't</u> have any brothers.
T : I play tennis with my sister.
Ss: <u>He</u> <u>plays</u> tennis with <u>his</u> sister.

このあと生徒をペアにして，一方の生徒が，教師が作成したワークシートに印刷された 1 人称の英文を読み，もう一方の生徒が，上記のように英文を変換して言う練習を行わせます。

② **ワークシートによる変換練習**

ワークシートを用いて，主に人称代名詞の変換の練習を行います。

次の英文は Mike 君が言ったものです。この内容をケイコさんに伝える練習をしましょう。(例) を参考にして，ケイコさんに伝えるための英文にしなさい。
(例) I like dogs. I have a dog.
→ Mike likes dogs. He has a dog
① I like music. I play the piano.
→ <u>*(Mike likes music. He plays the piano.)*</u>
② I like fishing. I often go fishing with my friends.
→ <u>*(Mike likes fishing. He often goes fishing with his friends.)*</u>
③ I have a sister. Her name is

Jane.

→ (*Mike has a sister. Her name is Jane.*)

④ My father works in the library. I like my father very much.

→ (*Mike's father works in the library. He likes his father very much.*)

(4) **教科書を利用した練習**

教科書の本文や活動のモデル文からスピーチ文など1人称を用いた英文を選び，それを3人称に変換する練習を行います。次の例（資料2）はポスターなどを使って自己紹介を行う活動ですが，このモデル文を利用してレポーティングの練習を行います。「家族の写真を見せながら，加奈を紹介する英文に書き直して発表しよう」という課題を与えます。

〔レポーティング例〕

変換した英文を書かせたあとで，1人の生徒を指名し，黒板に貼った加奈のポスター（拡大コピーしたもの）を指さしながら書いた英文を読ませます。

（資料2）

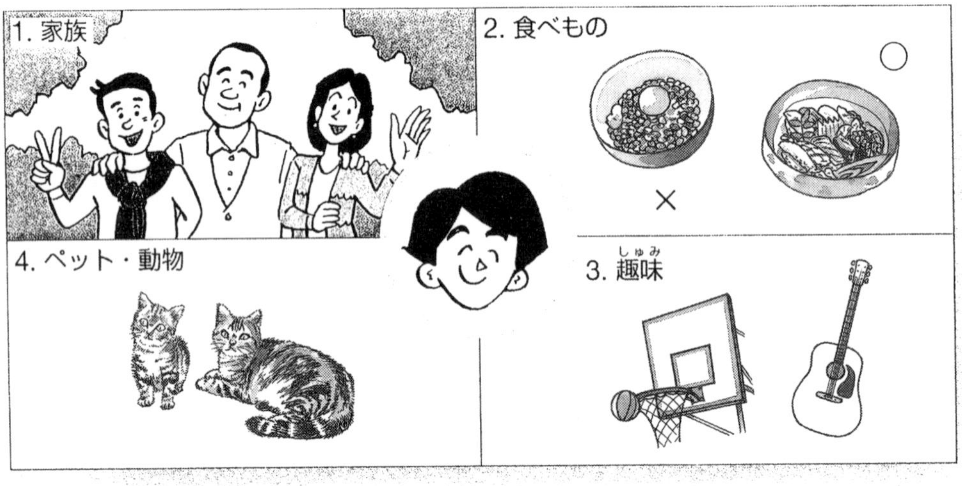

Hi, my name is Kana.

This is my family. I have a brother. His name is Taro.

I like sushi. I don't like *natto*.

I like music. I play the guitar. I like basketball, too. I sometimes play basketball with my brother.

I have two cats. This is Tama. She's very cute. This is her mother. Her name is Mimi.

Thank you.

「One World English Course 1」p.34 より

〔レポート例〕

> Hi, her name is Kana.
> This is her family. She has a brother. His name is Taro.
> Kana likes sushi. She doesn't like *natto.*
> She likes music. She plays the guitar. She likes basketball, too. She sometimes plays basketball with her brother.
> She has two cats. This is Tama. She's very cute. This is her mother. Her name is Mimi.
> Thank you.

3．スピーチ「登場人物紹介」

1年生の教科書には必ず複数のキャラクターが設定されています。4人1組で主な登場人物を分担し，紹介するスピーチを行います。この活動を行うことで1年の教科書をすべて読み直すことになるので，良い復習にもなります。

〈題　名〉

主人公を紹介

〈内　容〉

4人1組で行う。4人で主な登場人物を分担し，自分が担当した人物の情報を教科書から読み取り，まとめ，グループ内で発表し合います。なお，教科書の主な登場人物が3人の場合には3人1組で行わせます。

〈指導手順〉

(1)　スピーチの内容を説明し，4人1組のグループを作らせる。
(2)　1年生の教科書を読み直し，自分が担当した登場人物の情報を集める。
(3)　情報を整理し，英文にまとめる。英文のモデルは示さない。ただし，最初の言葉（I'll talk about Aki.）のみ提示する。
(4)　グループ内で発表させる。
(5)　それぞれのグループから良い例を推薦させ，全員の前で紹介させる。
(6)　まとめた英文を集め，評価する。

〈評　価〉

グループ毎で一斉に行うので，発表時に評価するのではなく，書いた英文を回収し，評価する。

紹介文の例（*One World English Course 1* から Nick についての例）：

> I'll talk about Nick Smith. He's from New York. He plays baseball. He likes the Yankees. He can surf, too. He eats Japanese food. He likes *toro* very much, but he doesn't like *tako.* He has a dog and four little birds. His father's hobby is gardening. His mother works for a TV station. Her hobby is *haiku.* Nick's family has a garden. Nick called Aki from New York. That's all.

（授業アイディア）

◎中学校初期の辞書指導◎

中学校初期の段階で行うべき辞書指導について，「ELEC 同友会実践研究部会」で作成した『中・高連携を考えた辞書指導のためのワークシート集（1997）』の中学1年生用のワークシートを紹介します。指導する時期は，1年1学期～2年1学期が適しています。

1．次の質問に答えましょう。

(1)　英語の辞書には「英和辞典」「和英辞典」

「英英辞典」の３種類があります。それぞれどのような辞書か，適する説明のところを線で結びましょう。

① 英和辞典・　　・日本語の表現にあたる英語を調べる。

② 和英辞典・　　・英単語の意味を日本語で説明。

③ 英英辞典・　　・英単語の意味を英語で説明。

《**確認テスト**》次の（　　）に上の辞書名を記入しましょう。

> 新聞の折り込み広告を見ていたら，"import" という言葉がありました。意味がよくわからないので，（　　　）辞典を引くと意味が出ていました。別の広告を見ていると，「セキュリティー」という言葉がありました。兄に意味を聞くと「安全」という意味の英語だそうです。そこで英語のつづりを知りたくて（　　　）辞典を引くと，"security" "safety" などの語が書いてありました。

(2) 次の単語はどんな順序で英和辞典（英英辞典）に載っていますか，載っている順に記号を並べかえましょう。

① ア jest　　イ zoom
　 ウ knee　　エ aunt
　 （　　）→（　　）→（　　）→（　　）

② ア beat　　イ beautiful
　 ウ be　　エ beg
　 （　　）→（　　）→（　　）→（　　）

２．先生の指示にしたがって，実際に英和辞典を引く練習をしましょう。

【練習１】アルファベット順で，次の文字のすぐ前にある文字，およびすぐ後にある文字を書きましょう。

①（　）d（　）　②（　）l（　）
③（　）u（　）　④（　）i（　）

【練習２】「しおり」を５枚用意しましょう。先生が言う（書く）アルファベットを聞いて（見て），その文字が表されている「つめ見出し」のいずれかのページに「しおり」をはさみましょう。５枚全部はさめたら手をあげましょう。

【練習３】先生が書く２文字を見て，辞書の「つめ見出し」の該当する部分に「しおり」をはさみましょう。５枚全部はさめたら手をあげましょう。

【練習４】先生が黒板に書いた単語を引いて，「しおり」をはさみましょう。

【練習５】次の単語を引いて，最初に書いてある日本語の意味を書きましょう。

① keep　［　　　　　　］
② strange　［　　　　　　］
③ already　［　　　　　　］
④ lock　［　　　　　　］
⑤ worry　［　　　　　　］

【練習６】《ピッタシ辞書開けゲーム》

これから先生が黒板に書く単語は辞書のどこに載っているか，１回で見事に引き当ててみよう。「ここだ」と思うところを１回だけ引いて，その語が実際に載っているページとの差が少ない方が勝ちです。

１回戦	（　　）	ページ差	〈勝・負〉
２回戦	（　　）	ページ差	〈勝・負〉
３回戦	（　　）	ページ差	〈勝・負〉
４回戦	（　　）	ページ差	〈勝・負〉
５回戦	（　　）	ページ差	〈勝・負〉
６回戦	（　　）	ページ差	〈勝・負〉

３．和英辞典を引いてみましょう。

【練　習】外国人の先生に質問してみたいことがあります。次の質問を和英辞典を使って調べましょう。

(例) **趣味が何か質問したいとき。**

引き方

どの語を引くか・・・・（　趣味　）

その結果は・・・・＿＿hobby＿＿という英語だった。

例文を見ると，聞きたい英文が載って（いた・いなかった）

↓

What is your hobby?＿＿＿＿＿＿＿＿

＿＿＿＿＿＿＿＿＿＿＿＿＿＿＿＿

(1)　**血液型を質問したいとき。**

引き方

どの語を引くか・・・・（　　　　）

その結果は・・・・＿＿＿＿＿＿＿＿という英語だった。

例文を見ると，聞きたい英文が載って（いた・いなかった）

↓

＿＿＿＿＿＿＿＿＿＿＿＿＿＿＿＿

＿＿＿＿＿＿＿＿＿＿＿＿＿＿＿＿

(2)　**家から学校まで来るのに，どのくらい時間がかかるか質問したいとき。**

引き方

どの語を引くか・・・・（　　　　）

その結果は・・・・＿＿＿＿＿＿＿＿という英語だった。

例文を見ると，聞きたい英文が載って（いた・いなかった）

↓

＿＿＿＿＿＿＿＿＿＿＿＿＿＿＿＿

＿＿＿＿＿＿＿＿＿＿＿＿＿＿＿＿

〔辞書指導展開例〕

すべてをていねいに指導すると２時間必要になります。

１(1)	１(1)の問題を行わせたあとで，答え合わせを行う。３種類の辞書を生徒に見せながら次のことを指導する。「辞書の種類とその目的」「辞書のレベル」
１《確認テスト》	**《確認テスト》**を行わせたあとで，答え合わせを行う。
１(2)①	問題を行わせたあとで，答え合わせを行う。（単語がアルファベット順に配列されていることを確認する）
１(2)②	問題を行わせたあとで答え合わせを行う。（同じアルファベットで始まる単語の配列を確認する）
２【練習１】	問題を行わせたあとで答え合わせを行う。
２【練習２】	「しおり」を用意させる。ティッシュペーパーを５枚に切らせて，こよりを作らせると良い。「つめ見出し」について説明する。教師が言った文字の「つめ見出し」のいずれかのページに,「しおり」をはさませる。練習として “f” を引かせる。５

	文字を板書し,「しおり」をはさませる。 ① d, g, z, a, m ② i, x, b, j, t ③ c, y, u, k, p
2【練習3】	連続した2文字を板書し，辞書の「つめ見出し」のいずれかのページに,「しおり」をはさませる。最初は練習として“cu”にはさませる。 【練習2】③ではさんだ「しおり」を利用して，次の場所を引かせる。 （練習）ya, un, ki, pr 次の文字を板書し，「しおり」をはさませる。 ① dr, zo, bu, je, li ② in, go, ta, mo, qu ③ no, ab, st, ha, or
2【練習4】	単語を板書し，その語を引かせる。練習として“nobody”を引かせる。 【練習3】③ではさんだ「しおり」を利用して，次の語を引かせる。 （練習）aboard, star, hat, orbit 次の語を板書し，「しおり」をはさませる。 ① interest, quit, wrong, bomb, fatigue ② youth, cycle, gain, thought, explore ③ keen, repent, dye, process, verb 教師が言った文字の「つめ見出し」を引かせ，その欄の最初のページを引かせても良い。
2【練習5】	【練習5】を行わせたあとで，答え合わせを行う。最初に書いてある意味をいくつか出させ，辞書により，表現や意味の配列が異なることを指導する。
2【練習6】	ペアで競争させる。 1回戦　compete 2回戦　walk 3回戦　grow 4回戦　through 5回戦　myself 6回戦　strong 勝敗表に，実際にその語が載っているページと，自分が引いたページとの差を書かせ，パートナーとの〈勝・負〉のどちらかに○で囲ませる。引き分けの場合は，両方を○で囲ませる。
3【練習】	(例)を，教師の指導にしたがって全員一緒に行わせる。 【練習】(1), (2)を行わせ，結果を発表させる。

《評価実践例》

○動物を説明する実技テスト○

『コミュニケーション・タイム』で紹介し

た Explanation Game 1 の実技テスト（面接評価）の例を紹介します。

評価規準：動物についての説明を正確に行うことができる。（正確な発話）

内　　容：『コミュニケーション・タイム』で使用したカードを pile（山）にし，１枚ずつめくり，そこに描かれている動物について試験官に２文以上で説明する。試験官は英文を聞いて動物名を当てる。試験官が動物名を当てた場合は，被験者はそのカードを表にして試験官に見せる。試験官は EVALUATION CARD の１から順に○をつけていく。試験官が動物名を当てられなかった場合は，被験者は別の説明を行うか，次のカードを引く。沈黙が 10 秒続いた場合は，“Next card, please.” と試験官が指示して，次のカードを引かせる。

発 話 例：**T** : Start.

S :（カードを１枚めくる）It lives in Africa.　It can run very fast.

T : It's a giraffe.

S : No.　It's black and white.

T : It's a zebra.

S : Yes.（カードを表にして試験官に見せる）

実施時間：１人に対して１分間

評価基準：動物についての説明を正確に行い，試験官が理解し，動物名を当てることができたら１点とする。動詞の s が抜けていても減点しない。被験者が適切な語いや表現を選択できるか，説明が理解できるかを評価する。

A：５点以上

B：２～４点

C：０～１点

EVALUATION CARD
NAME ＿＿＿＿＿＿＿＿＿＿
１・２・３・４・５・６・７・８

試 験 官：ALT または JTE

場　　所：別室または廊下（１人ずつテストを受ける。ALT が試験官となる場合は，JTE は教室にて別の指導を行う）

事前指導：テストの実施内容を説明し，『コミュニケーション・タイム』で練習させる。

事後指導：評価Ｃの生徒に次の指導を行う。

(1)　色や形状についての語いを確認してから，説明の仕方を次の動物名を示して練習させる。

elephant : It's gray.　It's big.

frog : It's green.　It's small.

(2)　住んでいるところの述べ方を確認し，いくつか練習させる。

koala : It lives in Australia.

octopus : It lives in the sea.

(3)　その他の特徴の述べ方を確認し，いくつか練習させる。

kangaroo : It can jump.

tiger : It eats meat.

(4)　再テストを行う。２問以上できたら評価Ｂを与える。

6　2年2学期の実践例

《コミュニケーション・タイム》

◎チャットの指導 Ⅱ◎

〈1年3学期〉で示したチャットの指導Ⅰに続いて，2年次で指導する会話技術について紹介します。

1．夏休み直後のチャット

日常会話でよく使われる質問が，Did you have a good weekend? とか How was your weekend? などです。ここでは How was your summer vacation? を「最初の文」として設定し，その指導内容を紹介します。

⑴ Response（応答文）の指導

応答文を指導します。

It was great (good, fun, exciting, so-so, OK, quiet, not bad, terrible).

これに情報を1つつけ加えます。

（例）**A**：How was your summer vacation?
B：It was great. I went swimming in Okinawa.

⑵ Rejoinders（相づち）の指導

Sounds nice. Oh, did you? Lucky you! などの相づち表現を教えます。

⑶ Questions（質問）の指導

話題が「夏休みに行ったこと」なので，Who with?／When?／Where?／How?／How long (for)? などの質問が役立ちます。また，これらの情報を相手から引き出すことで会話を継続させるように指導します。

⑷ Other kinds of questions（他の質問）

What else did you do?／And then?／How did you like it? などの会話を継続させるための質問を教えます。

⑸ Personal feelings（感情表現）

行ったところや経験したことについて，It was terrific (great, fun, exciting, terrible など). の感情表現を教えます。

2．チャットにおける他の指導例

上記の項目以外で，2年次から3年次にかけて継続的に指導していく内容を紹介します。

⑴ Explanation（理由の説明）

次の例のように理由を添えて述べるように指導します。

（例）I went shopping in Shinjuku to buy a present for my mother.
I was sad. Because I lost my favorite bag.

⑵ Cooperation（協力）

会話を続けるためには2人の協力が必要であり，2人は平等に責任をもっています。2人で協力して会話を継続するよう，機会あるごとに指導します。

⑶ Clarification（確認）

相手が言ったことが聞き取れなかったり，理解できないときには聞き返し（確認）を行います。1年次では，Pardon? / Sorry? などの表現を指導しますが，2年次では，You like what? / Where? など部分的に聞き取れなかったことを聞き返す方法を教えます。

⑷ **Gesture / Body language（ジェスチャー）**

大きさや高さを表す際に，次のようなジェスチャーを添えて言うと，相手が理解しやすくなります。

（例）I caught a big fish.
It was <u>this</u> big.
My father is very tall.
He is about <u>180 cm tall</u>.

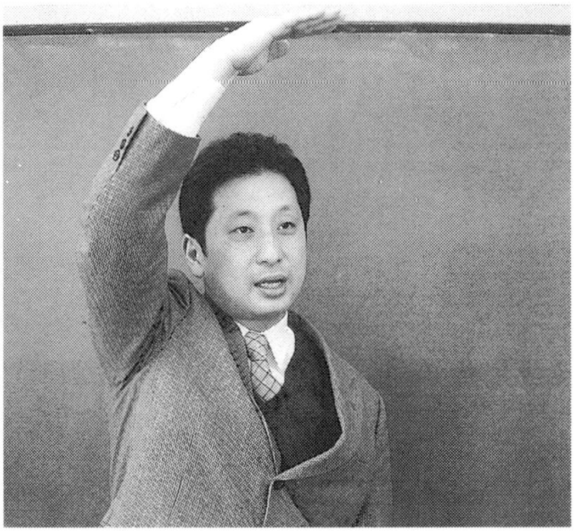

⑸ **Facial expression（顔の表情）**

顔に表情をつけて会話を行うよう指導します。

（練習例）It was <u>great</u>. That's <u>too bad</u>.
下線部を言う際，顔に表情をつけます。

⑹ **Try to help your partner（助け船）**

相手が言いよどんでいるときや言葉を探しているときに助け船を出します。

（例）**A** : I went to Disneyland. I like Sp er....
B : Splash Mountain?

⑺ **Don't change the topic（話題を変えない）**

すぐに話題を変えないようにさせます。特に One Minute Chat では，１分間しか時間がないので，同じ話題で話を継続するよう指導します。

⑻ **Change the topic（話題を変える）**

実際の会話において，どうしても話題が尽きてしまったときのために，話題の変え方や話題の切り出し方を指導します。By the way などの語句を教えます。

⑼ **Agreement and disagreement（同意）**

相手が言ったことについて Me, too. Me, neither. I agree. I think so, too. I don't think so.など同意に関する表現を教えます。

３.「最初の文」とその応答の例

・Do you like sports?
— Yes, I do. I play baseball.
・What kind of music do you like (best)?
— I like pop music. My favorite singer is Kuwata Keisuke.
・What kind of food do you like (best)?
— I like Japanese food. I love sushi.

・What's your favorite TV program?
—I like "*Sazae-san*" very much. It's interesting.
・What do you usually do on Sundays?
—I come to school. I have baseball practice on Sundays.
・How was your school trip?
—It was great. *Kinkaku-ji* is my favorite temple.
・ Do you have any plans for the summer vacation?
—Yes. I'm going to go to Yamanashi with my family.
・What do you like to do?
—I like to read books. I'm reading "Harry Potter" now.
・Have you ever been to Hokkaido?
— No, I haven't. I want to go there.

4. 生徒にチャットを通して「話せる」と自信をもたせるための 10 のコツ

その1 1年の2学期から指導可能。はじめは食べ物系，テレビ系，スポーツ系，音楽系の話題で，30秒からはじめる。最初の質問に対し，その応答とプラス1の情報を相手に与えることができればOKとする。

その2 継続的に行う。『コミュニケーション・タイム』に列や班の中で相手を替え，同じ話題を数回は行う。同じ話題を数回行うことで，生徒はパートナーから学んでいく。

その3 聞き手への指導が大切。これで会話らしくなっていく。echoなどのテクニックを少しずつ教えていく。

その4 一度に多くのことを望まない。たとえば，fillerの方法を1つ教えたら，それをチャットの中で意識して使用させる。(使用場面は気にせず，とにかく使う。使っているうちに適切な場面で使用できるようになる。)

その5 さまざまな質問の仕方を教えるなど，話の広げ方を少しずつ指導していく。

その6 慣れてきたら少しずつ時間を増やしていく。基本は1分間。

その7 2年次後半から3年次前半にかけて，Chat & Report など目的がはっきりしたチャットを2〜3分間で行わせる。このあとの通常のチャット（1分間）はとても短く感じるようになる。

その8 3年次ではさまざまなトピックをなんとかこなせるようにする。会話技術の習得だけではなく，どんな話題でも相手に合わせて，ある時間会話を続けることのできるコミュニケーション能力や態度の育成を行う。

その9 テープに録音してフィードバックする際は，「ほめてから1つのアドバイスを与える」が基本。

その10 チャットだけでは話せるようにはならない。音読指導，スピーチ，インタビュー活動などさまざまな英語を聞く・話す活動を並行して行っていく。

（イベント活動）

◎スピーチ「夏休みの思い出」◎

スピーチの中では定番の「夏休みの思い出」の指導について紹介します。このスピーチは原稿指導にとても良い題材です。過去にしたことを他人に話す際には，基本的な情報として，「when（いつ）」「where（どこに）」「who with（誰と）」「what（何を）」「how（どうだった）」などを入れるので，この良い練習となるからです。

〈題　名〉

夏休みの思い出

〈条　件〉

12 文以上 20 文以内で述べる。途中で写真や資料を見せる。

〈方　法〉

1 日 4 名ずつ行う（順番は表にして教室に掲示する）。個々のスピーチを行ったあとに，聞き手 2 名を指名し，全員の前で 3 文程度のレポーティング活動を行わせる。

〈モデル文〉

Hello, everyone. I'm going to talk about my trip to Izu. I went to Izu from August 10th to 12th. I went there with my family.

On the first day, I went swimming in the sea. In the evening, we went to the seaside. Look at this picture. （写真を見せる） We were playing with fireworks. This is my brother Hiro. We had a good time.

The next day, we went to "伊豆サボテン公園". I saw some beautiful flowers. Thank you for listening.（13 文）

〈指導手順〉

⑴　夏休みが始まる前に，「夏休みの思い出」というタイトルのスピーチを，夏休み直後に行うことを生徒に説明します。写真を撮ったり，行ったところのパンフレット類や資料を取っておくよう指示を出します。

⑵　夏休み後，過去に行った先輩のスピーチを見せたり教師が実演したりして，スピーチの内容についてイメージをもたせます。また，モデル文について説明します。本スピーチの場合，聞き手が理解できるように，when, where, what, who with, how などの情報をしっかり述べるようワークシート（資料）を用いて説明します。

⑶　ワークシートの手順に沿って原稿を書かせます。

⑷　下書き原稿を提出させ，教師がチェックやアドバイスを行います。希望する生徒には，音読チェックを行います。

⑸　発表は数名ずつ行わせます。事前に順番を書いた表を教室に掲示して，生徒に知らせます。夏休みが題材なので，新鮮なうち（夏休み後 1 ヶ月以内）に終えるようにします。

⑹　発表のあとで，全員の前でレポーティング活動をさせます。全員がスピーチを聞いているので，コミュニケーション上は意味がありませんが，5 W 1 H に焦点を置いたレポーティングの良い練習となります。また，スピーチのあとにレポートをしなくてはならないので，聞き手が真剣に聞くようになります。

(資料) ワークシート

「夏休みの思い出」原稿作成の手順

次の手順で原稿を書けば，誰でも書けます。では，書き始めましょう。

1. どんなことを述べるのか決めましょう。(写真はあるかな？)
2. そのことについて次の情報を整理して，英語で書いておきましょう。

(1) **where**（どこへ行ったの？） [ ]

例： I went to Izu.

(2) **when**（いつ行ったの？） [ ]

例： I went there on August 10. / I was there from July 29 to August 5.

(3) **who with**（誰と行ったの？） [ ]

例： I went there with my family（friends）.

(4) **what**（何をしたの？） [ ]

例： I went swimming in the sea. / I saw fireworks.（花火）

(5) **how**（どうだった？） [ ]

例：It was beautiful. / I had a good time.

これらの情報をまとめます。

例：I went to Izu with my family. We stayed there from August 10th to August 12th.

3. 写真の説明を2～3文でしてみよう。

例：Look at this picture. I was playing with fireworks with my family.
This is my brother Hiro. He likes fireworks. We had a good time.

4. 書き始め　何について話すのかを伝えます。

例： Hello, everyone. I'm going to talk about
- my summer vacation.
- my trip to Izu.
- one day of my summer vacation.

5. 結び　例： Thank you for listening.
6. 使える表現（次の表現を用いると，わかりやすく表現が豊かなスピーチとなります）
- 「初日に…をして，2日目に…をした」と言いたい場合
  On the first day,（初日は）　The next day,（次の日）
- 「それから次に～をした」と言いたい場合　And then ～，After that, ～
- 感情表現　I was excited（happy, bored, sad, nervous, scared など）
- 形容表現　It was delicious（ interesting, fun, cool, boring, exciting, great, beautiful など）
- その他　I had a good time. I enjoyed ～.
7. その他の情報（思いついたことを日本語か英語でメモしておこう）

〈話し手への指導〉

次のことを指導します。

・地名などの固有名詞は，特にゆっくりはっきり言う。

・少し英文を忘れても recitation（暗唱）活動ではないので，原稿を見て確認するのではなく，覚えている英文や即興で内容を考えて話す。

・聞き手を見回し，eye contact をできるだけ行う。

・感情を込めて発表する。

〈聞き手への指導〉

スピーチの内容について，when，where，who with，what，how などの情報をしっかり聞き取るよう指導します。スピーチを行っているときは，メモを取らせずに，覚えられるものだけで良いと指示します。メモを取らせると，生徒は書くことに夢中となり，話し手と目を合わせなくなるからです。

〔レポート例〕

> Akira went to Izu in August. He went there with his family. He went swimming on the first day.
> He had a good time. That's all.

〈評　価〉

話し手に対する評価

ア　情報量（前記の情報が十分に盛り込まれているか）

２：十分な情報量があり，夏休みにしたことがよくわかる。

１：少し足りない情報があるが，夏休みにしたことがよくわかる。

０：情報量が少なく，夏休みにしたことがあまりよくわからない。

イ　話し方（態度が良く，聞き手にわかるような声量で，明瞭に話しているか）

２：大きな声ではっきりと話している，また態度が良い。

１：聞き手を見ていなかったり，少し声が小さかったり，はっきり話していないところが少しあるが，おおむね満足できる。

０：聞き手を見ていなかったり，聞き手全員に声が聞こえなかったり，はっきり話していなかったりして，努力を要する。

ウ　暗記（スピーチ原稿を暗記して行ったか）

２：完全に暗記しており，滑らかにスピーチを行っている。

１：1 回原稿を見る，または，途中で少し沈黙することがある。

０：2 回以上原稿を見る，または原稿用紙を読み上げている。

聞き手に対する評価（レポートに対する評価）

２：when，where，who with，what，how などの情報を中心に 3 文以上の情報を言うことができた。

１：２文の情報を言うことができた。

０：０～１文の情報を言うことができた。

授業アイディア

◎TT で行うレポーティング活動◎

これまでいくつかのレポーティング活動のやり方について説明しましたが，TT における効果的なレポーティング活動について紹介します。これは生徒をペアにし，ペアのそれぞれの生徒が ALT，JTE から情報を得て，その情報をパートナーに伝え合うという活動です。

〈活動の手順〉

(1) 生徒をペアにさせます。便宜上，1人をA，もう1人をBと呼ぶことにします。

(2) ALT，JTE が何を伝えるのか生徒に述べます。たとえば「夏休みに行ったところ」「週末にしたこと」「クリスマスの予定」などの話題です。

(3) 生徒にどんな情報を聞き取り，覚えるのか指示を与えます。

例1：「夏休みに行ったところ」が話題の場合
「いつ」「誰と」「どこへ」「どのような交通手段で」「何をした」の情報

例2：「週末にしたこと」が話題の場合
「午前中にしたこと」「午後にしたこと」「晩にしたこと」の情報

(4) ペアの生徒のうち，AはALTから，BはJTEから情報を聞き取らせます。ALTは教室で，JTEは廊下で生徒に情報を伝えるようにします。生徒の学習段階やレベルに応じて情報量を調整します。まだレポーティングに慣れていない段階では，聞き取りの指示を与えた情報のみに絞ります。慣れてきたらさまざまな情報を与え，その中からパートナーに伝える情報を選択させます。

〈与える情報例1（夏休みに行ったところ）〉

I went to Yokohama with my family on July 28. We went there by car. We did some shopping. I bought some food in China Town. And then, we had lunch there. I ate *ramen*. It was delicious. We went to Land Mark Tower, too. We had a good time.

〈与える情報例2（週末にしたこと）〉

On Saturday, I got up at eight and played the guitar in the morning. I've played the guitar for twenty years. Playing the guitar is a lot of fun. In the afternoon, I went shopping with my wife. We went to Shibuya. I didn't buy anything. In the evening, my wife and I saw a movie in Shibuya. We saw "Star Wars." It was exciting.

(5) ペア同士で得た情報を伝え合います。

(6) 情報の授受がしっかり行われたか確認します。AがALTから得た情報についてBに伝わっているか，JTEがBの生徒を指名し，"Where did Mr. Brown go?" のように質問しながら情報を引き出します。このあと，同様にALTがAの生徒に質問して確認します。

(7) もう1回行います。今回はAがJTEから，BがALTから情報を聞き取らせ，(5)(6)の活動を行います。

《評価実践例》

◎レポーティングの実技テスト◎

ALT，JTE の２名で行うレポーティングの実技テスト（面接テスト）の例を紹介します。

評価規準：

得た情報について第三者に正確に伝えることができる。（正確な発話）

内　　容：

被験者は ALT から情報を得る。得た情報をできるだけ多く JTE に伝える。聞き取れなかったことについては，情報を得ている途中で，２回以内であれば，Pardon? Where? などと聞き返しても良い。JTE は ALT が被験者に伝えた情報を一緒に聞き，被験者の報告内容を評価する。

実施時間：

１人に対して約１分間（最初の 30 秒間程度が ALT から情報を得る時間で，あとの 30 秒間は被験者が JTE に情報を伝える時間とする。あとの 30 秒間についてはキッチンタイマーで計時し，その間に伝えられた情報を評価する。

評価基準：

「いつ」「何を」「誰と」「どこで」「どうだった」「その他」など，８つ前後の情報から，各情報がいくつ正しく伝わるか JTE が数えて評価する。

A＝5 つ以上の情報を聞き手に正確に伝えることができた。

B＝3 ～ 4 つの情報を聞き手に正確に伝えることができた。

C＝0 ～ 2 つの情報を聞き手に正確に伝えることができた。

場　　所：廊下（１人ずつテストを受ける）

次の配置図のように，JTE は教室内と ALT が見える位置に座り，ALT の発話内容を聞きながら教室内を観察する。被験者は ALT から情報を得たらすぐに JTE の方を向き，レポーティングを行う。

試験官配置図

ALT　机　○被験者

机　JTE

廊　下

教室内　　ドア（開けたまま）

テスト例：

（生徒数に応じて，30 ～ 40 語の数タイプの原稿を用意する。内容は作り話。）

> I went to the park last Sunday. I played tennis with my friends. I love tennis. My friend David was the best player of all. We played for two hours. I had a good time.　（35 語）

上記の英文中には，「公園に行った」「先週の日曜日に」「テニスをした」「何人かの友達と」「テニスが大好き」「友達の David が一番上手だった」「2 時間した」「楽しかった」の８つの情報が含まれています。次が生徒のレポート例です。情報が５つ正しく伝えられているので，「評価 A」となります。

> Emma went to the park to play tennis. She played tennis with her friends. She played on Sunday. She had a good time.　（下線部のみ正しい情報であると判断する）

7　2年3学期の実践例

《コミュニケーション・タイム》

◎即興3文スピーチ◎

「即興3文スピーチ」とは，その名の通り即興でショート・スピーチを行う活動です。活動のねらいは，理由を添えて意見を述べさせる，学習した言語材料を使用させる，などです。活動内容は，4人1組でグループを組み，順番にサイコロを振ります。黒板にあらかじめ1～6の番号とその横にトピックを書いておきます。（拡大コピー機『拡大くん』などを使うと便利です）出た数のトピックについて3文以上で即興のショート・スピーチを行います。

1　一番好きな季節
2　私の住む町
3　今晩の予定
4　この前の週末にしたこと
5　私のおすすめテレビ番組
6　私の行きたいところ

〈指導（活動）の手順〉

⑴　次のようないくつかの表現パターンや語い，述べる際のコツを教えます。例文は示さないで，生徒の発想に任せて自由にスピーチ文を考えさせることをお薦めします。どうしてもうまく話せないトピックについては例文を示します。

◆「一番好きな～」

→I like ～ best. Because ….
好きなものをその理由を添えて述べる。

例　文：I like summer best. Because I like swimming. I often go swimming in the sea.

他の例：「一番好きな食べ物」「一番好きな歌手」「一番好きな教科」「一番好きなスポーツ」「一番好きな月」「一番好きな曜日」「一番好きな動物」

◆「私の～」

→事実をまず述べる。続いてその説明，好き嫌いなどを述べる。

例　文：I live in Fukagawa. There are many Chinese restaurants in my town. I like my town very much.

他の例：「私の学校」「私の親」「私の趣味」「私の友達」「私の小学校時代」「私の宝物」

◆「～の予定」

→ I'm going to ～.
大きなイベントがあったらそのことを述べる。

例　文：I'm going to go to *juku* in the evening. After that I'm going to watch TV. I'll go to bed at eleven.

他の例：「今度の土曜日の予定」「今度の日曜日の予定」「明日の予定」「春休みの予定」「今度の週末の予定」

◆「～にしたこと」

→時系列に事実を述べる。良い一日であったか。

例　文：I came to school to play soccer. We practiced for two hours. I studied English in the evening.

他の例：「昨日したこと」「この前の土曜日にしたこと」「この前の日曜日にしたこと」「冬休みにしたこと」「今朝したこと」

◆「私のおすすめ～」

→ I recommend ～ to you. Because ～.

例　文：I recommend “こち亀” to you. Because it is fun.　Ryo-san is very funny and strong.

他の例：「私のおすすめお菓子」「私のおすすめ本・雑誌」「私のおすすめ料理」「私のおすすめレストラン」「私のおすすめ公園」

◆「私の～したい…」

→ I want to ～. Because ～.

例　文：I want to go to Hokkaido. Because I like skiing.　I want to eat *ramen*, too.

他の例：「私の買いたいもの」「私の行ってみたい国」「私のしたいスポーツ」「私のなりたい職業」「私の会いたい人」

(2)　4人グループを作らせ，グループリーダーを決めます。この同じメンバーで数日間行うことになります。相互評価表（資料1）を配付し，グループごとに話す（サイコロを振る）順番を決めたら，名前（自分の名前も含めて4名）を記入させます。1回の授業で6分間の時間を与え，時間終了まで行わせます。慣れてくれば，6分間で1人2回くらい話す機会がまわってきます。トピックは前記のタイプから2～3タイプを以下のように選び，2日間連続して使います。サイコロを振って同じトピックになってしまっても，そのトピックについて話させます。前回よりも上手に話せるようになっているはずです。活動を行っていくうちに，生徒同士で表現方法や言い方について学び合うので，最初はうまく話せなくても，次第に上手に話せるようになっていきます。2文程度しか話せなかったり，沈黙が長く続いたりした場合は，グループリーダーが判断して “Next, please.” と言って，次の人に移らせます。

1　一番好きな食べ物
2　一番好きな教科
3　今度の週末の予定
4　春休みの予定
5　私のおすすめお菓子
6　私のおすすめ本・雑誌

(3)　各スピーカーがショート・スピーチを終えたら，相互評価表に◎○△×の評価を次の基準でつけさせます。

◎＝3文以上でとてもわかりやすく話すことができた。

○＝2～3文でわかりやすく話すことができた。

△＝1～2文で話したが，少しわかりにくかった。

×＝よくわからなかった。または話せなかった。

R1はRound 1で1回目，R2は2回目，R3は3回目の順番を示します。自分の評価も自己評価として記入させます。活動が終わったら相互評価表を回収します。相互評価表を確認し，常に△や×がついている生徒に，次のような指導を放課後などに行います。

（資料1）相互評価表

相互評価表（　月　日）

NAME（　　　　　　）

順番	氏　名	R1	R2	R3
1				
2				
3				
4				

〔指導例〕

「3文スピーチ」という名称がついていますが，1～2文を話せるよう指導します。

① 各パターンの最初の文として適する表現方法を指導する。

② 理由の述べ方やもう1文つけ加える場合の表現方法を指導する。

（イベント活動）

◎10年後の私◎

生徒はさまざまな夢をもっています。その夢を英語のスピーチで語らせます。中学2年生の後半になると，進路指導などで将来の就きたい職業について考えさせる機会があると思います。日本語で自分の夢を語るのは恥ずかしく思う生徒でも，英語で行うと恥ずかしさを感じないようです。

〈題　名〉 10年後の私

〈内　容〉 10年後の働いている姿を絵に描き，それについて説明する。

〈条　件〉 10文以上20文以内で述べる。途中で自分が描いた絵を見せる。

〈方　法〉 グループ内でスピーチを行う。グループ内で推薦された生徒が全員の前でスピーチを行う。

〈評　価〉 生徒個々に日時を指定し，教師に対してスピーチをさせる。その際，教師は話し方のアドバイスと同時に評価も行う。

〈指導手順〉

(1) スピーチの説明を行い，教師がモデルスピーチまたは過去の作品を見せることで，活動の具体的なイメージを生徒に持たせます。

(2) ワークシート（資料2）を配付し，モデル文の内容を理解させます。

（資料2）ワークシートの例

Enjoy English —— 10年後の夢をスピーチで語ろう——

【下書きコーナー】

(1) 何になりたいですか？　（　　　　　　　　　　　　　　　　　　）

(2) その理由は？　2つくらいあるといいよ。

・

・

・

(3) どんな絵を描く？　例：パン屋で新しいパンを試しに作っているところ

【原稿を書くときの注意】

(1) 原稿は最初から英文で書くと良い。難しい単語は絵の中で説明できるようにすると良い。

(2) 何になりたいか。次の表現を使う。

（例）I want to be a nursery school teacher. / I'd like to be a nursery school teacher.

(3) その理由を述べる。理由が1つの場合には次のように述べる。

（例）I want to be a nursery school teacher because I like children.

理由が２つ以上の場合には次のように述べる。

（例）I want to be a nursery school teacher because of these two (three) reasons. First, I like children. Second, ...

(4) 書き出しはこれから何を述べるのか，または，インパクトのある文ではじめる。

（例）I'm going to talk about my dream.
Do you like baseball? I like baseball the best of all the sports.

(5) 英文は 10 ～ 20 文程度で。次の語句も含まれる。

- 最初のあいさつ　（例）Good morning, class. Hello, friends.
- 絵を見せるとき　（例）Look at this picture. I'm working at Setagaya Nursery School.
- 自分を指し示すとき　（例）It's me (in ten years time).
- 終わりの言葉　（例）Thank you for listening. / That's all.

(6) 絵を説明する英文を２～３文入れる。「私は～をしている」のような文を現在進行形を使って述べると良い。

(7) 10 年後のことを述べるのだから，想像の世界のことを述べても良い。

（例）I am working at Setagaya Nursery School. This is Kenta-kun. He is three years old. I like him and he likes me very much.

【スピーチ文の組み立て】

① スピーチのはじまり　(4)(5)を参考にして
② 何になりたいか　(2)を参考にして
③ 理由　(3)を参考にして
④ 絵の説明　(5)(6)(7)を参考にして
⑤ 終わりの言葉　(5)を参考にして

【モデル文】

Hello, everyone. I'm going to talk about my dream. Do you like children? I like children very much, so I want to be a nursery school teacher in the future. My mother says, "You'll be a good nursery school teacher because you like taking care of children." I was happy when I heard these words.

Look at this picture. It's me. Now I'm working at Setagaya Nursery School. This is Kenta-kun. He is three years old. I like him and he likes me very much. I'm reading a book to him. He looks happy. I'll try my best to be a good nursery school teacher. I'll take care of your children someday. Thank you.　(17 文)

⑶　自分が就きたい職業についてワークシートに記入させます。また，英語の職業語い集を配付し，参考にさせます。(時間があれば個々の職業の発音について復唱させます。)

⑷　その職業を選んだ理由をワークシートに書かせます。

⑸　10年後の働いている姿を画用紙に描かせます。必ず絵の中に自分の姿（手や顔だけのように身体の一部だけでも可）を描かせます。具体的に何をしているところか説明ができる絵にするよう指示を出します。絵は20分間くらい授業中に描かせ，あとは宿題にします。

⑹　原稿をワークシートの順序にしたがって書かせます。希望する者のみ，下書き原稿に対するアドバイス，支援，添削を行います。

⑺　生徒個々の「先生へのスピーチ・タイム」の日時（昼休みや放課後）を設定し，それまでに絵を仕上げ，原稿を暗記してくるよう指示を出します。なお，スピーチの説明を行ってから，「先生へのスピーチ・タイム」まで3週間から4週間は必要です。

⑻　絵の持ち方や話し方について全員に指導を行います。絵は顔の横のところに持ち，顔が隠れないようにさせます。

⑼　スピーチ・タイムで生徒のスピーチを聞き，アドバイスや発音などの矯正を行うとともに評価を行います。

⑽　スピーチ本番はグループ（生活班）毎に班員に向けてスピーチを行います。話し手は立って，班員を見回しながらスピーチを行います。

⑾　次のような相互評価表（資料3）に記入を行います。
【課題1】の裏面にちょうど**【課題4】**がくるように両面印刷で評価カードを作成します。これが大切なポイントです。各班員のスピーチが終わったら，**【課題1】**にどんな夢であったか班員全員が記入します。次に班員全員が話し終わったら**【課題2】**を記入します。

⑿　全部の班のスピーチが終わったところで，各班から「他の人にも聞いてもらいたいスピーチ」を1～2人推薦させます。

⒀　推薦された人は，クラス全員の前でスピーチを行います。

⒁　その日に聞いた全員のスピーチの中から1人を選び，**【課題3】**に記入させます。また，裏面の**【課題4】**の記入を行います。

⒂　この評価カードには工夫が施されています。生徒に評価カードを記入させたあとに回収し，**【課題1】**と**【課題2】**の間をカッターで切断し，表面の**【課題1】**および裏面の**【課題4】**を教師が保管します。**【課題2】【課題3】**は切り取って，該当の生徒に渡します。スピーチをがんばった人には多くのカードが集まるようになっています。また，**【課題2】**があるために各生徒には必ず1枚のカードは渡るようになっています。自分の夢を語るということはかなり勇気のいることで，誰でも自分の夢を否定されたくはありません。だから，この相互評価はスピーチの技術的な面ではなく，友達の夢を認め，励ますような言葉を書くスタイルにしています。

（資料３）相互評価表

Enjoy English ―「10年後の私」みんなの夢を語ろう―

CLASS（　　）　NO.（　　）　NAME（　　　　　　）

【課題1】あなたの班の人がどんな夢をもっているか，スピーチを聞いてメモしよう。
（日本語・英語のどちらでもいいよ）

氏　　名	どんな夢かメモしておこう

【課題2】班の中で，あなたの次にスピーチした人に，①その人らしさが出ていた点，②その人への励ましの言葉，を書こう。（最後の順番の人は最初の人について書くんだよ。）

あなたの氏名　　　→相手の氏名
①
②

【課題3】今日聞いたすべてのスピーチの中で，あなたが最も感動したり，感心したスピーチについて，①その人らしさが出ていた点，②その人への励ましの言葉，を書こう。

あなたの氏名　　　→相手の氏名
①
②

【課題4】今日あなたが行ったスピーチや聞いたスピーチについての感想を書こう。

《授業アイディア》

◎TTで行うミニ・ディベート体験◎

3学期では，理由を添えて意見を述べる活動を集中して行っていますが，TTの授業において，理由を述べ合うミニ・ディベートの活動例を紹介します。この活動には，事前の準備がいりません。以下に指導方法をスクリプトで再現します。

（ALTとJTEがsmall talkを行い，Which do you like better, summer or winter? の話にもっていく。ALTとJTEが「夏が好き」と「冬が好き」に分かれ，ディベートを行う状況を作るために次のような会話を行う）

ALT : I like summer because I like swimming. I don't like winter.

JTE : What? You like summer and you don't like winter? I don't like summer because it's too hot. I like winter because I love skiing.

ALT : Winter? We have a long vacation in summer. We don't have a long vacation in winter.

JTE : You're right. But we have Christmas and New Year's Day. All right, then, let's ask the students which season they like better.

ALT : Sure.

JTE : Who likes winter better? Raise your hands.

Ss : (一部が手を挙げる)

JTE : Oh, you are good students.

ALT : Who likes summer better?

Ss : (残りの生徒が手を挙げる)

ALT : Good. Then let's have a debate! The students who like summer better, come to me.

JTE : The students who like winter better, come to me.

（教室の両端に分かれて，次のように生徒から好きな理由を引き出す）

[JTEの側の例]

JTE : Why do you like winter, S1?

S1 : Christmas!

JTE : Yes. We have Christmas in winter. Why do you like Christmas?

S1 : Many present.

JTE : You get many presents every year. I see, S1. Please say that to that side.

S1 : えーと。

JTE : We have Christmas in winter and we get many presents.

S1 : We have Christmas in winter and we get many presents.

JTE : Good.

（このように生徒から理由を引き出す。このとき2つの大切なポイントがある。1つ目は，生徒は完全に正しい英語で述べられないかもしれないので，教師は生徒の言おうとすることを正しい英文に修正したり，言い方を教えたりすることで，生徒が安心して自分の意見を述べられるようにする。2つ目は，それぞれの意見を言う生徒をあらかじめ指名し，意見が活発に出るようにする。生徒から10以上の理由は引き出しておく（[意見の例]を参照）。教師は誰が何を言うのかメモを取っておく）

JTE : Now let's have a debate. Let's sit face to face.

（教師はいくつかの机を夏側と冬側で向かい合わせにして，どのように机を配置するのかを生徒に示す）

JTE : We'll tell you the reason first. S1, would you tell your opinion to them ?

S1 : We have Christmas in winter and I get many presents.

JTE : Yes. We have Christmas. Do you have Christmas in summer?

ALT : Of course not. But .... S2, would you tell them your opinion?

S2 : We have a long vacation.

（同様に教師がディベートの雰囲気を盛り上げながら生徒から意見を出させる）

S3 : We can eat ice cream in summer.

S4 : We can eat ice cream in winter, too. It's delicious in winter.

（生徒同士で意見の言い合いをさせる。ディベート的活動を（事前準備なしで）体験させることが目的なので，自分の意見を積極的に述べようとする態度や相手の意見に対して反論しようとする態度が見えたらほめるようにする）

JTE : Let's finish the debate. Summer side, who wants to come to winter side? Come to our side.

ALT : Come to our side, you all, winter side.

（最後にこのように言ってから，ディベートを終了し，活動中のよかった点を評価する）

〔意見の例〕生徒へ質問して理由を引き出す問答例

T : Why do you like winter better?
（最初はこの質問を行う）
・We have Christmas in winter.

T : Why is Christmas a happy time for you?
（出てきた答えから関連したことを引き出す）
・I get a present from my parents every year.

T : What sports can we do in winter?
（スポーツや食べ物などについてたずねる）
・We can go skiing in winter.

T : What food can we eat in winter?
・We can eat strawberries. Strawberries are delicious. / *Nabe* is delicious in winter.

T : Why is New Year's Day a happy time?
（その時期の行事などについてたずねる）
・We get money on New Year's Day.

T : Any other ideas?
（他の意見を引き出す）
・We can see beautiful stars in winter. The air is clean in winter.
・My birthday is in winter. I can get a birthday present.
・It snows in winter. Snow is beautiful. We can make a snowman.

《評価実践例》

◎スピーチやスキットの相互評価◎

スピーチやスキットでは生徒同士による相互評価を行うことが多いですが，相互評価を行う上でのいくつかのアイディアを紹介します。

1．学習段階初期の相互評価

学習段階初期で相互評価を行うと，次のような効果があります。

(1)　設定する評価項目について，自分が発表する際に意識するようになる。

(2)　発表する上でどんなことに気をつけなければならないか学習できる。

(3)　正しい評価観を育てる。

以下にスピーチの評価例について紹介します。

(資料４) スピーチの評価表の例

友達のスピーチを評価しよう

＿＿年＿＿組＿＿番　氏名＿＿＿＿＿＿

〔　　　　　〕さんのスピーチ

評価項目	評　価
ア　声の大きさ	A・B・C・D
イ　英語らしい発音	A・B・C・D
ウ　態度	A・B・C・D
エ　暗記	A・B・C・D

[評価の基準]

A＝とても良い，すばらしい

B＝まあまあ良い，いいねえ

C＝もう少し努力が必要だね

D＝もっと努力しなければダメだね

視線　[合った・合わなかった]

(どちらかを○で囲む)

評価項目については事前に説明が必要です。「**ウ**　態度」であったら，「席を立つときから座るまでを評価しましょう。(見本を見せながら) このようにしっかりとした姿勢で話しているか評価してください。」のようにです。なお，「視線」については，話し手に対して「聞き手を見回しなさい」と指導した上で，聞き手に「視線が合った・合わない」でチェックさせると，聞き手も話し手を見ながら話を聞くようになります。前記の項目の中に，「英語らしい発音」があります。音声面については教師が評価するものですが，先に述べた相互評価の波及効果をねらってこの項目を入れています。つまり，この項目を入れることで，発表の際に音声面について意識するようになるからです。

評価基準は教師が評価するものではないので，あいまいなものでかまいません。「とても良い，すばらしい」などの言葉を評価カードに書いておくか，口頭で伝えます。生徒にそれぞれどのくらいだったらどの評価であるか，評価基準をもたせることで，自分の発表で評価Aを目ざす際の目標にもなります。

評価カードの記入は活動中には書かせないようにします。活動中はしっかりと発表を聞いたり見たりする習慣をつけさせます。

2．学習段階中期以降の相互評価

「態度」「声の大きさ」など複数の具体的な項目についての相互評価を行っていくうちに，基本的なことは自然にできるようになってきます。また，生徒も教師と同様な評価観をもつようになってきます。この段階まで到達したら，評価の観点は「内容」に重きを置くようにします。また，内容や創意工夫などで「良い面」を相互に評価し，認め合うような相互評価方法をできるだけ取り入れるようにします。たとえば，「10 年後の私」の評価カードでは，「その人らしさが出ていた点」「その人への励ましの言葉」を書くようにしています。学習段階中期以降のスピーチやスキットの相互評価では，このようにコメントを書かせる形式が有効です。次にスキットの相互評価表の例（資料 5）を示します。

この相互評価表はあとで演技者に渡すことを前提に書かせています。各発表が終わったらこの評価カードに記入させ，回収します。左上のところをホチキスで留めますが，右上の角を切り落としておくと，回収した際，天地が逆さまになるのを防ぐことができます。教師がいちいち１枚１枚確認してからホチキス留めをする手間を省くことができます。ホチキス留めした冊子を教師がパラパラとめくり，生徒がどのような評価をしているのか確認したあと，その冊子を演技者に渡します。このように，クラスメイトからフィードバックがあると，さらにさまざまな工夫を行ったり，一生懸命準備するようになります。生徒にとっては，教師から受ける評価より，クラスメイトから受ける評価の方が大切であるかもしれません。

また，各発表のあとで，内容に関して生徒同士の考えを交換する機会をもたせることも有効な相互評価の方法です。複数の生徒で話し合わせることで，自分が気づかなかったことを学習できたり，アイディアを紹介し合ったりすることができます。グループ毎に話し合ったあとで，代表者がクラス全体に発表する，などの方法が考えられます。

（資料５）相互評価表の例

EVALUATION CARD　　　NAME［　　　　　　］

Performers［　　　・　　　・　　　・　　　］

工夫している点，良かった点，参考になった点などを書こう！

アドバイスがあったら書こう！

8 3年1学期の実践例

コミュニケーション・タイム

◎Chat & Report◎

1年生から指導してきたチャットとレポーティングを複合させた活動を紹介します。3分間のチャットのあとで，相手から得た情報を他の人（またはクラス全体）にレポートする活動です。これは最初，前任校にあったLLの『ランダムペア学習機能』を用いて行ったものです。この機能によって，コンピュータがペアリングを行うので，誰とペアとなるのかがわからないおもしろさがありました。また,ヘッドセットを通して会話を行うので,まるで電話で会話をしているような感覚で,生徒には好評な活動の1つでした。現在は,「チャットの指導　I」で紹介したホワイトボードにより，ペアリングを行っています。

〈活動の手順〉

(1) ホワイトボードを見て，ペア同士で席に着きます。

(2) 教師が "Today's Topic" として，"Favorite food" "Hobby" "Weekend" などと板書します。

(3) 3分間のチャットを行います。はじめは，あいさつと "How are you?" "How's everything?" "How are you doing?" などの文を用いて，相手の状態についてたずね合います。そのあと自由会話に移りますが，すぐに "Today's Topic" の話題を持ち出す必要はありません。3分間のどこかで，この話題に触れれば良いこととします。最初の質問として，"What did you do yesterday evening?" "How was your weekend?" "What are you going to do this evening?" などの会話から入って，その中で "Today's Topic" について話をもっていきます。あとにレポート活動があるので，相手から多くの情報を聞き出すように指示を出します。"Today's Topic" をまったく示さないで自由に会話を行わせることもあります。話題を自分で考えなければならないので，生徒にはこのほうが難しく感じるようです。

(4) チャットを行っているとき，eye contact を心がけながら，相手の言うことをメモさせます。メモの取り方は，キーとなる情報を単語や語句レベルで書かせます。たとえば，soccer, after school のようにです。

(5) チャットのあとで，自分の席に戻し，グループの中や全員の前でレポートさせます。自分の書いたメモを頼りに文を組み立てます。

〔レポート例〕

I talked with Ken. He is good today. He has been to Hokkaido. He likes skiing. He wants to go to Hokkaido again. That's all.

(6) 口頭による発表が終わったら，次の例（資料1）のようにレポート文を書かせます。

（資料１）メモとレポート文の例（２年生で行った例）

EVALUATION: 他に聞いた事を忘れてしまった…。		
NO- 2	DATE: November 18th	PARTNER:
MEMO　so-so　sleepy　2時　like　stars		
REPORT: He's so-so and sleepy today. He watched shoting stars. He likes stars. He got up at two o'clock. He likes sports. He likes volleyball ~~or~~ and baseball. But he doesn't play baseball.		
EVALUATION: 会話に詰まってしまった。		
NO- 3	DATE: November 19th	PARTNER:
MEMO　fine　like バレー、野球 (English music)　blue sky ~~blul~~		
REPORT: He's fine today. He went to juku. He likes volleyball and baseball. He likes English and music. He likes Mr.Honda. His favorite colors are blue and sky blue.		

《イベント活動》

◎理由を述べる活動◎

ディスカッションでよく取り上げられる，「熱帯の無人島へ持っていくもの」を中学生用にアレンジした活動を紹介します。内容は少し難しいですが，理由を考えさせるのには良い題材です。グループ（生活班）毎に協力して，相手を説得できる理由を考えることが活動の目的です。

〈指導の手順〉

(1)　次の14の語句を導入します。ピクチャー・カードをコンピュータやイラスト辞典などから作成し，利用します。

chopsticks
a plastic sheet
a small mirror
a bottle of water
a parachute
a compass
a sweater
a flashlight
a gun
sunglasses
a knife
a soccer ball
mosquito coils
a first aid kit

(2) 活動について次のように説明します。

T：Make lunch groups, please.（生活班のことを "lunch group" と呼んでいます）
We are going to have a discussion. You are in a plane now. Bang! Oh, no. Your plane crashed into the sea.
（ジェスチャーを交えて説明する）
You swam and swam and swam and arrived on an island.
（島の絵を描く）
It is a desert island. It is very hot in the day and very cold at night. No one is around you. You walked around on the island and tried to find someone. Oh, you've seen some people. Who are they? Oh, they're your lunch group members.
（1つのグループのメンバーを指さして）
You are the only people on the island. You are lucky because you can take seven things out of these 14 things.
（黒板にピクチャー・カードを貼る）
But only seven things. What are the most important things to live on the desert island with your friends. First, please choose seven things and write the reasons on this sheet.
（ワークシート（資料2）を配付する）

（資料2）ワークシート

Enjoy English — What will you take to the desert island?—

NAME（　　　　　）

① We should take the ________, because ________________.
② We should take the ________, because ________________.
③ We should take the ________, because ________________.
④ We should take the ________, because ________________.
⑤ We should take the ________, because ________________.
⑥ We should take the ________, because ________________.
⑦ We should take the ________, because ________________.

⑶　個人で７つのものを選ばせ，理由を考えさせます。理由は英語で書かせますが，英語がわからない場合は日本語で書いても良いことにします。理由は「～が好きだから」のような個人的な好みではなく，相手を納得させるようなものを考えさせます。

⑷　グループ毎に何を持っていくか話し合わせます。選んだものとその理由を大きなサイズの用紙に記入させます。

①　各メンバーが選んだものとその理由を順番に発表します。

②　グループとして７つの何を選ぶかを決め，協力してその理由を考えます。ディスカッションは日本語でかまいません。この活動の目的は，ディスカッションそのものを英語で行うのではなく，相手を納得させられる理由を，英語でどのように述べたらいいのか，グループ毎に学習させるところにあるからです。

③　選んだ７つのものの優先順位を決めます。

④　選んだものとその理由を，大きなサイズの用紙に優先順位をつけた順番に記入させます。教師は机間巡視して，英文作成の支援を行います。また，辞書を活用させて英文を作成させます。ただし，難しい語句はなるべく使用させないようにします。読み手であるクラスメイトが理解できないからです。

⑸　班ごとに選んだ７つのものと理由を発表させます。口頭発表をさせてから書いた用紙を壁に貼ります。(⑹の活動を行う際混み合うので，間隔を空けて貼ります)

⑹　各生徒がすべてのグループの用紙を読み，これは良いと思う理由に自分の名前を書いていきます。生徒は他のグループの理由を読むことにより，理由の述べ方について生徒同士で学ぶことができます。

（資料３）生徒の記入例

① We should take the *knife*, because *we can make something with it*.

② We should take the *parachute*, because *we can use it as a blanket*.

③ We should take the *bottle of water*, because *we can't live without water*.

④ We should take the *flashlight*, because *it's dark at night*.

⑤ We should take the *plastic sheet*,because *we can get rain with it. We drink it*.

⑥ We should take the *gun*, because *there are some dangerous animals*.

⑦ We should take the *first aid kit*, because *there isn't a doctor*.

《授業アイディア》

◎書くことにおける誤りの指導◎

生徒の書く英文には誤りがたくさん見られます。こうした誤りをなくしていく指導例を紹介します。One Minute Chat，Chat & Report，インタビュー活動のあとのレポート文や，writing のテストで見られる英文の誤りは，教師にとっては宝物と言えます。これらの誤りを記録しておき，指導の材料に役立てます。

次の例は，Chat & Report（2年次に行ったもの）に見られた誤りを集めて作った生徒配付用資料です。

次の英文はキミたちのレポートから集めた誤りの例です。点線で折り，左側の英文の誤りを直してみよう。10の誤りのうち，キミはいくつわかるかな？

誤	正
① He studied homework.	He did his homework.
② He going to go to *juku*.	He is going to go to *juku*.
③ He favorite sport is soccer.	His favorite sport is soccer.
④ She don't play the piano.	She doesn't play the piano.
⑤ He doesn't like hamburgers. He doesn't like sushi, too.	He doesn't like hamburgers. He doesn't like sushi, either.
⑥ He doesn't like dogs and cats.	He doesn't like dogs or cats.
⑦ He likes TV "*Kochi-Kame*."	He likes "*Kochi-Kame*."　または His favorite TV program is "*Kochi-Kame*."
⑧ He watched TV "*Kochi-Kame*."	He watched "*Kochi-Kame*" on TV.
⑨ He likes a little music.	He likes music a little.
⑩ He likes listen to music.	He likes to listen to music.

〈指導手順〉

(1) 資料を配付し，中央の点線を外側に折らせ，左側の誤りの例だけを見せます。

(2) 誤りを修正させます。誤りは1年生で扱う3単現の s のような初歩的なものからコロケーションに関わること，語順などさまざまなものを取り上げます。

(3) 添削が終わったら用紙を広げさせ，右の正解を見てチェックさせます。

(4) 各文の解説を行います。生徒の書きたい表現の中に，either など教科書では扱っていない語句を教える必要も生じますが，自分が書きたい表現についてはどんどん覚えられるようです。

(5) 自分の書いたレポート文中の英文の誤りを配付資料を基にチェックさせ，添削させます。各自で添削したあとで友達同士でさらにチェックを行わせることも有効な方法です。

（評価実践例）

◯理由を添えて応答する面接テスト◯

２年３学期から３年１学期にかけて，理由を添えて意見を述べる活動を行ってきました。その活動の成果を評価するための面接テスト例を紹介します。

評価規準：質問に対し，理由を添えて正しい文法と適した内容で応答できる。

内　　容：２つの質問に対し，理由を添えて応答する。

評価基準：A＝理由についてほぼ正しい英語で答えられる。

B＝理由について文法的に誤りがあるが，意味は十分に伝わる。

C＝理由について意味が伝わらない。または応答しない。

総合評価：（左が１番目の質問に対する評価，右が２番目の質問に対する評価）

A＝A・A，B・A

B＝A・B，B・B，A・C

C・A，C・B

C＝B・C，C・C

試 験 官：ALT または JTE

場　　所：別室または廊下（１人ずつテストを受ける。ALT が試験官を行う場合は，JTE は教室にて別の指導を行う）

質 問 文：原型を２つ設定しておき，その中から自由に選んで質問する。

１番目の質問

次の質問の下線部をかえて行う。

Which will you take, <u>a knife</u> or <u>a small mirror</u> with you when you go to the desert island?

> some bottles of water, a soccer ball, chopsticks, a flashlight, a first aid kit, a parachute, some mosquito coils, sunglasses, a gun, a plastic sheet, a knife, a small mirror

２番目の質問

次のどちらかのタイプの質問を行う。

タイプ１：Which do you like better, <u>spring or fall</u>?

> train or bus, dogs or cats, New Year's Day or Christmas, soccer or baseball, summer vacation or winter vacation, English or Math, Monday or Friday, school or home

タイプ２：Do you think <u>Tokyo is a good city</u>?

> students should read many books, students should wear school uniform, Kyoto is a good city, students should study English more, we should read the newspaper every day

事前指導：テストの内容を生徒に伝え，各質問文の答え方の説明を次のように行います。応答文の形の正しさではなく，理由の部分を評価しようとしているので，応答文の形については事前に教えておきます。

［１番目の質問］に対する応答の仕方

I will take ～ because ….

［２番目の質問］に対する応答の仕方

タイプ１： I like ～ better, because ….

タイプ２： I（don't）think so. Because ….

9　3年2学期の実践例

《コミュニケーション・タイム》

◎Explanation Game 2◎

〈2年1学期〉では，動物に限定したExplanation Game 1を紹介しました。Explanation Game 2は，これまで学習した言語材料を総動員して説明する活動です。『コミュニケーション・タイム』で練習を行い，ALTとのTTの時間にグループ対抗戦を行います。

〈指導手順〉

(1)　生徒の実力が均等になるようにグループ分けします。グループ数はあとで行うグループ対抗戦のために4か6の偶数にします。1グループ4～6名が適しています。

(2)　Explanation Game 2の説明を次のように行います。

> ①　グループ対抗戦である。
> ②　TVモニターに映ったカードをALTに説明し，ALTが言い当てたら得点となる。
> ③　1チームあたりの時間は3分間で，グループ対抗勝ち抜き戦を行う。
> ④　グループ対抗戦は○月○日のTTの時間に行い，それまで授業の最初でグループごとに練習を行う。
> ⑤　このExplanation Gameでは，説明するための英文数は問わない。1文で説明して相手が言い当てても得点となる。

(3)　事前に，次のような1文で説明するためのパターンをいくつか指導します。

【Pattern 1】day, month, season, number
It's the day (month, season, number) after ～.
(例) six : It's the number after five.

【Pattern 2】opposite
It's the opposite of ～.
(例) come : It's the opposite of "go."

【Pattern 3】the same ～ as …
It's the same color as ～.
(例) blue : It's the same color as the sky.

(4)　次の指導を行います。

①　最初にその種類を言う。
(例) It's an animal (a sport, a color, a fruit, a person).
It's one of our body parts. など

②　物ならどんなときに使うのか説明する。
(例) desk = We use it when we study.
bat = It is used when we play baseball.

③　説明するのに役立つその他の表現
(例) baseball = We use bats, balls, gloves. There are nine players.

(5)　グループに25枚程度の絵カード（単語のつづりも付加したもの）（資料1）を配付し，Explanation Game 1で行った要領で練習を行わせます。絵カードをpile（山）にし，グループ内で順番に絵カードを引き，そのカードについて説明し，他のメンバーが当てていきます。当てられないカードがあれば，グループで協力してどう説明すれば良いか考えます。

（資料１）絵カードの見本

（注）カードのイラストはカラーで作成しています。

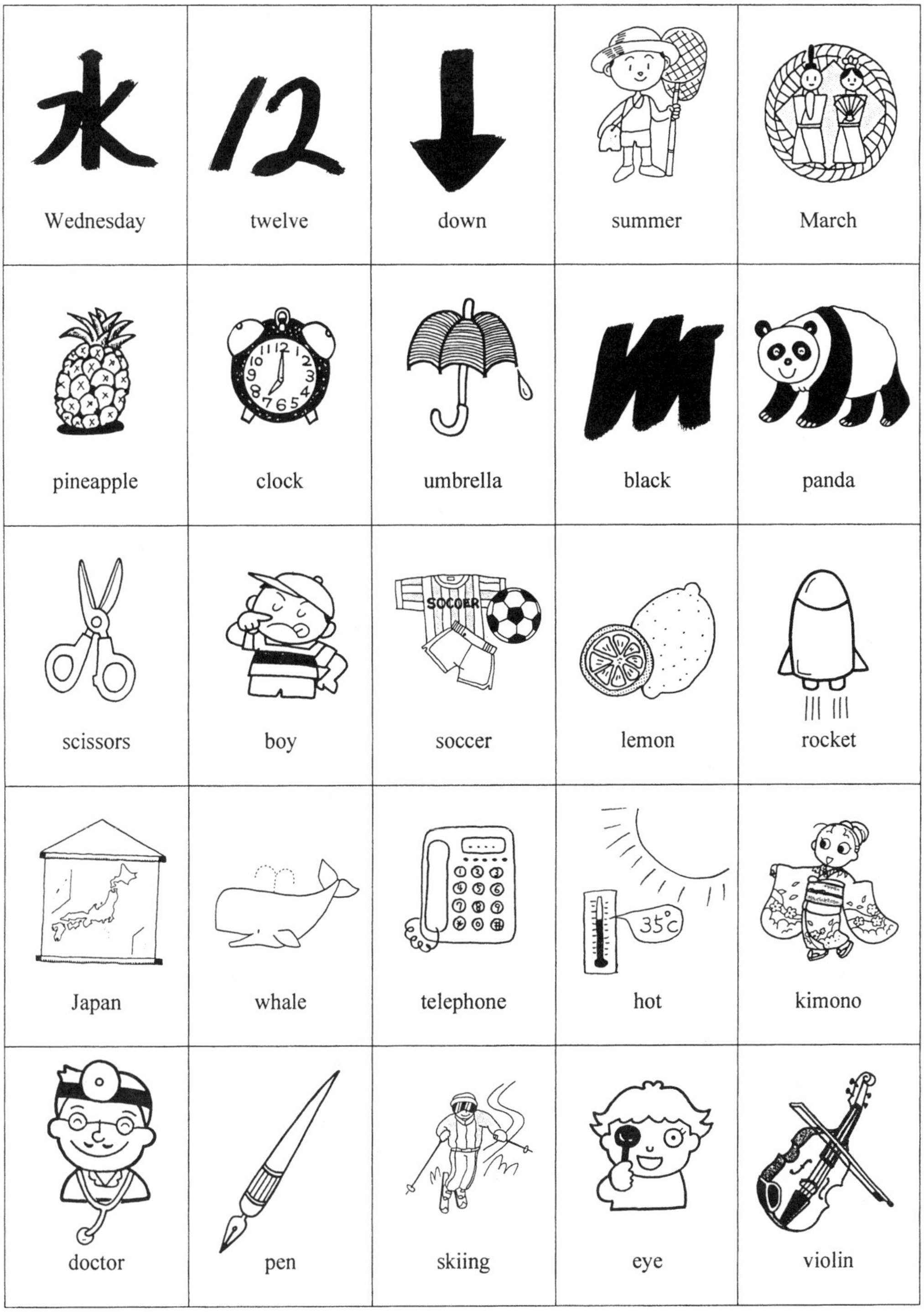

〔グループ対抗戦〕の方法

ALTがTVモニターを背にして立ちます。1グループ毎にALTと向き合い（TVモニターが見える位置），説明を行っていきます。JTEは〈1年3学期：授業アイディア〉で紹介したビデオカメラを使った装置を用い，カードをTVモニターに1枚ずつ映していきます。また，“Ping Pong” “Boo” などと言って審判も行います。

次のルールを生徒に説明します。

① 1チームごとに3分間で行う。
② 説明は，グループのメンバーが1列に並び，1枚のカードにつき1人が行う。説明が終わったら列の後ろに並ぶ。次のカードは次の順番の人が行う。
③ 次の場合は得点にはならない。
・ジェスチャーを使った場合（手は後ろに組ませると良い）
・書いてある単語を言った場合（たとえばcamera personならcameraと言う）
・同じチームの人がヒントを言った場合
④ 説明が思い浮かばない場合やALTがなかなか当てられない場合は，“Skip!” と言って，次のカードに移っても良い。ただし，“Skip” と言ったときからJTEがOne, two, three, four, fiveと5カウントをしてから次のカードを見せる。

グループ対抗戦では，練習で使ったカードに新しいカードを加え，100枚以上のカードを用意します。指導したパターンを用いれば説明できるものに，説明するのに少し難しいものも加えます。練習したカードばかりではなく，カードを見て，即興で説明させるところにこの活動の意義があります。会話において，自分が伝えたいものの英単語を知らない場合，他の単語で補ったり，その単語を説明するなどの会話ストラテジーを用います。この活動はこうした会話ストラテジーを身につけさせるのに有効です。また，3年次で学習する関係代名詞，接触節などの構文も実際に使用する経験をもたせることができます。

グループ対抗戦は，次のように勝ち抜き戦にすると盛り上がります。

〈6グループで対戦する場合〉

［予選ラウンド］

対戦相手をくじ引きで選び，2グループ毎に対戦する。

［Bクラス優勝戦］

負けた3つのグループで対戦し，Bクラスの優勝グループを決める。

［Aクラス優勝戦］

勝った3つのグループで対戦し，Aクラスの優勝グループを決める。

（イベント活動）

◎プレゼンテーション「30秒コマーシャル」◎

30秒間ちょうどで，ビデオカメラに向かって「テレビ・ショッピング」のように，商品宣伝のプレゼンテーションを行います。

〈題　名〉

30秒コマーシャル

〈内　容〉

各生徒が商品を決め，30秒間でビデオカメラに向かってコマーシャル（売り込み）を行う。教師はビデオカメラで撮影する。

〈条　件〉

① 30秒ちょうどで終える。35～60語程度の語数で原稿を作成する。
② 商品の名前と値段を言う。値段は日本の商品であってもdollar, centにする。
③ 外国の英語圏の人を対象に売り込む。
④ BGM，小道具，イラスト，絵など，使えるものは何でも使ってアピールする。

〈方　法〉

1日につき5人がプレゼンテーションを行う。順番は事前に順番表を作成し，生徒に知らせる。1人がタイム・キーパー役となり，ビデオカメラの横に立ち，キッチンタイマーを用いて計時する。開始後20秒（残り10秒）のところで手をグーにした状態で出し，残り5秒から1秒につき1本ずつ指を広げていき，発表者に時間を知らせる。見ている人は商品についての情報を書き取り，その日の「ベストコマーシャル賞」を1つ選ぶ。

〈評　価〉

教師は，「適切な情報（値段，特徴，商品を得る方法，など）がしっかり盛り込まれていたか」「情報をわかりやすく伝えていたか（発音の明瞭さ，スピードなど）」「工夫（視覚情報やＢＧＭの活用など）」の3項目で評価する。

〈指導手順〉

(1) 活動の説明を行い，教師が実演したり，過去の作品を見せることで，活動の具体的なイメージをもたせる。
(2) 次ページのワークシート（資料2）を配付し，項目について1つ1つ指導を行いながら，原稿の書き方の説明を行う。

（資料 2）ワークシート

Enjoy English ―「30 秒コマーシャル」の原稿を完成しよう！―

【原稿の作り方】

1．What's the name of the goods?（その商品の名前は？）

2．Features（その商品の特徴をできるだけ多く書こう）

・

・

・

・

・

3．Price（値段は？）　日本の商品であっても dollar, cent を使います。

$　　　　.

4．How can people get the goods?（その商品の入手方法）

電話注文？どこかの店？

□電話→電話番号を書こう

□店　→どんな店か書こう

5．Selling Points（売り込みの言葉）

どんな効果的な言葉を使うか考えよう！

（例）今週のみの特別価格，おまけがついてくる，1 個買うともう 1 個ついてくる

6．原稿例

I'll show you this alarm clock today. It's fashionable and cool. It keeps perfect time. It's easy to use. Set the time and just push this button. Listen! Oh, noisy sound. You can wake up quickly. It's only 20 dollars, 20 dollars. Get it at department stores now.　(48 words)

Do you sleep well every night? If you don't, you should try "Dreamy Magnet Pillow." This pillow has a lot of small magnets in it. So you can sleep very well every night. The special price this month is only $89.99. Please call 030-1234-1111. Get "Dreamy Magnet Pillow" and have nice dreams. Don't miss it!　(55 words)

【コマーシャルで使う表現集】

①　特徴を表す単語と言い方

portable（持ち運びできる），light（軽い），fashionable（流行っている），cheap（安い），reasonable（手頃な），new（新しい），beautiful（美しい），delicious（おいしい），useful（役に立つ），convenient（便利な），big（大きい），cool（かっこいい）

コマーシャルですので，大げさに言いましょう。It's the newest. It's the best. など最上級を使うと良い。

② 主な場所　department store（デパート），convenience store（コンビニ），supermarket（スーパーマーケット），stationery store（文房具屋）

③ 効果的な言葉　命令文を使った表現：Don't miss it. Buy it now. Call us now.

おまけや特別価格：Buy it now and get a free ～. You can get one more ～ now.
The special price this month（week, today） is only ～.

重要な情報の繰り返し：Special price this month is only $89.99, only 89.99.

(3) 下書き原稿をチェックしたら，次の用紙に清書させます。開始→30秒まで時間に沿って原稿を書かせます。下の例は書き方のモデルを示したものです。

（資料３）清書用原稿の例

清書用原稿	商品名	値段 $.
秒	**英語スクリプト**	**小道具，動作など**
0		BGMを流す。
	I'll show you this alarm clock today.	時計を胸の位置に片手で持ち，も
5	*It's fashionable and cool.*	う一方の手で時計を指さす。
	It keeps perfect time.	
10	*It's easy to use. Set the time*	
	and just push this button.	実演する。
15	*Listen!*	アラーム音を鳴らす。
20	*Oh, noisy sound.*	
	You can wake up quickly.	
25	*It's only 20 dollars, 20 dollars.*	$20と書いたカードを見せる。
	Get it at department stores now.	時間が余ったら値段とDon't
30		miss it. と言う。

(4) プレゼンテーションを行う際に，イラスト，模型，グラフ，商品比較など効果的な小道具，動作なども考えさせます。

(5) 発表はカメラ目線で行う，小さな商品は胸の位置で見せる，時間が余ったら大切な情報を繰り返す，笑顔が大切，などのことを指導します。

(6) 1回の授業で，5人ずつプレゼンテーションを行わせます。他の生徒は各発表が終わったら，評価カードに発表者，商品名，評価（「アピール度」「創意工夫」）を記入します。

(7) 評価カードの下の「ベストコマーシャル賞」の部分を切り離し，該当生徒にホチキスでとじて渡します。

(8) すべてのプレゼンテーションを録画したら，全員の作品を見せます。（他のクラスも含めてすべての作品を放映します。）

（資料4）評価カードの例

EVALUATION CARD

CLASS（　　）NO.（　　）NAME（　　　　　　）

	NAME	GOODS	PRICE	EVALUATION
1			$.	アピール度 A・B・C・D 創意工夫 A・B・C・D
2			$.	アピール度 A・B・C・D 創意工夫 A・B・C・D
3			$.	アピール度 A・B・C・D 創意工夫 A・B・C・D
4			$.	アピール度 A・B・C・D 創意工夫 A・B・C・D
5			$.	アピール度 A・B・C・D 創意工夫 A・B・C・D

本日のベストコマーシャル賞

TO [　　　　　　　　]

あなたのコマーシャルは本日のベストコマーシャル賞を受賞しました。

受賞理由は，（　　　　　　　　　　　　　　）だからです。

おめでとうございます。

CHOSEN BY（　　　　　）

授業アイディア

◎中学校後期の辞書指導◎

中学校後期の段階で行うべき辞書指導について，「ELEC 同友会実践研究部会」で作成した『中・高連携を考えた辞書指導のためのワークシート集（1997）』の，中学３年生用のワークシートを紹介します。指導目標は，次の通りです。

(1)　辞書の基本的な記述（複数形，品詞など）を学習させる。
(2)　文脈に応じた正しい語義を調べられるようにさせる。
(3)　連語の引き方のコツを覚える。

なお，使用する辞書は，初学者用でも学習英和辞典のいずれでもかまいません。

【練習 1】次の語の複数形を調べましょう。

(1)　box　　複数形→[　　　　]
(2)　city　　複数形→[　　　　]
(3)　news　　複数形→[　　　　]
(4)　furniture　　複数形→[　　　　]

この練習でわかったことを書こう！

【練習 2】次の文を like の意味の違いに注意して日本語に直しましょう。次に，日本語の中で like の意味に当たる部分にアンダーラインを引きましょう。

(1)　Mr. Davis likes jazz music very much.
[日本語訳：　　　　]

(2)　My mother knows my likes and dislikes in food.
[日本語訳：　　　　]

(3)　I can't play the piano like you do.
[日本語訳：　　　　]

(4)　I want to be a doctor like my father.
[日本語訳：　　　　]

(1)～(4)の like(s)が，それぞれ違う働きをする語であることを表す記号はあなたの辞書に［ある・ない］。（どちらかに○をつけよう。）

【練習 3】次の下線部の動詞の意味を調べましょう。

(1)　Paul can run very fast.
(run =　　　　)

(2)　Paul's father runs a small restaurant.
(run =　　　　)

・辞書の中で，run の２つの意味が書いてある場所が分けられて［いる・ない］。
・分けて書いてある辞書では，その２つの run が違う働きをしていることを表す記号が［ある・ない］。
・記号→［　　　］と［　　　］
・その記号の意味
[　　　　]
[　　　　]

【練習 2】【練習 3】を行ってわかったことを書こう！

【練習 4】次の各組の英文中の下線部分の語の意味を調べて，その意味を書きましょう。

(1) ア I like watching baseball games.
[ ]

イ Lions and elephants are big game.
[ ]

(2) ア There are three bears in this zoo.
[ ]

イ These trees bear fine apples.
[ ]

(3) ア I play the piano every Sunday.
[ ]

イ We are going to see an English play.
[ ]

この練習でわかったことを書こう！

【練習 5】次の英文中の連語の意味を調べましょう。連語の中のどの語で調べたかも書きましょう。

(1) Can I take part in the discussion?

調べた語→（ ）

意味→[ ]

(2) Once upon a time there was a tall tree in this village.

調べた語→（ ）

意味→[ ]

(3) Lucy made up her mind to learn Japanese.

調べた語→（ ）

意味→[ ]

(4) Watch your step!

調べた語→（ ）

意味→[ ]

(5) I am satisfied with your progress.

調べた語→（ ）

意味→[ ]

・辞書の連語の表記では，(3)の her, (4)の your はどのように表されていますか。

→（ ）

・(5)の am はどのように表されていますか。

→（ ）

その他にわかったことがあれば書こう！

〔辞書指導展開例〕

1	(1)～(4)を調べさせ，答え合わせを行う。複数形がない場合，「複数形はない」「辞書に載っていない」などと記入させる。「わかったこと」には，自分の辞書の複

数形の表し方（記号），複数形にできない語があること，などと記入させる。

2 (1)〜(4)を調べさせ，答え合わせを行う。[　　]中のいずれかに○をつけさせ，同じ語でもさまざまな品詞があることに気づかせる。like の意味の違いを覚えさせるのではなく，辞書の中で適切な語義を見つけさせることがこの練習の目的である。

3 (1)，(2)を調べさせ，答え合わせを行う。自動詞，他動詞を区別する記述があったかを確認させる。初学者用の辞書では，自動詞と他動詞の区別を行っていないのが一般的である。区別を行っている場合には，どんな表し方をしているかを記入させる。自動詞，他動詞について中学校では通常学習しないが，高等学校へ進む生徒の橋渡しの指導として簡単に説明しておく。ただし，「自動詞」「他動詞」という用語を覚えさせるのではなく，辞書の記述の違いに注意させることが目的なので，このことを十分に配慮した指導を行う。

「わかったこと」には，動詞には２種類あることや適切な語義を見つけることが大切であること，などと記入させる。

4 (1)〜(3)を調べさせ，答え合わせを行う。

5 代名詞の所有格はどのように表されているか，be 動詞はどのように表されているか，自分の辞書で確認させる。連語の意味を調べる際は，その連語中の一番長い語（文字数の多い語）を調べると載っている確率が高いことを教える。また，動詞や名詞を中心に引き，前置詞や冠詞は原則として引かないことなどを「わかったこと」に記入させる。

【練習】の解答

【練習１】(1)　boxes　(2)　cities
(3)　news　(4)　furniture

【練習２】(1)　デービスさんはジャズがとても<u>好きです</u>。（動詞）
(2)　母は，私の食べ物の<u>好きな物</u>と嫌いな物を知っています。（名詞）
(3)　私はあなたの<u>ように</u>ピアノを弾けません。（接続詞）
(4)　私は父の<u>ような</u>医者になりたい。（前置詞）

【練習３】(1)　走る　(2)　経営する

【練習４】(1)　試合・獲物
(2)　クマ・生む
(3)　演奏する・劇

【練習５】(1)　(part)［〜に参加する］
(2)　(once)［昔々］
(3)　(mind)［決心する］
(4)　(step)［注意して歩く］
(5)　(satisfy)［〜に満足する］
one's，be

（注）辞書により異なる場合があります。

なお，学習英和辞典を用いて，３年次を通して辞書指導を行う場合，『Inside the Dictionaries －英語辞書活用ノート（数研出版）』の使用をおすすめします。

《評価実践例》

◎Explanation の実技テスト◎

『コミュニケーション・タイム』で紹介した Explanation Game 2 の実技テスト（面接評価）の例を紹介します。

評価規準：語についての説明を正確に聞き手に行うことができる。（正確な発話）

内　　容：グループ対抗戦で使用したカードを被験者に見せ，被験者はそのカードの説明を行う。試験官はその説明内容を評価する。〈2年1学期〉で紹介した面接テストと今回のテストとの違いは，前者は細かな文法的誤りは評価の対象とはせず，試験官が動物名を当てられれば評価基準をクリアしたことにしたが，今回のテストでは，正しい文法にしたがって聞き手にわかるように説明しているかどうかを評価する。したがって，説明させるものも全被験者が公平になるように事前に試験官が選んでおく。

実施時間：1人に対して1分間（キッチン・タイマーで計時して，1分間で終了する）

評価基準：2＝正しい文法にしたがって，わかりやすく説明している。

1＝文法にやや誤りが見られるが，わかりやすく説明している。または，正しい文法にしたがって説明しているが，説明内容が不十分である。

0＝文法に誤りが見られ，また，説明内容が不十分である。

各問ごとに次の表（EVALUATION CARD）の点数に○をつける。

EVALUATION CARD

NAME ________________

第1問	2・1・0
第2問	2・1・0
第3問	2・1・0
第4問	2・1・0
第5問	2・1・0
第6問	2・1・0
第7問	2・1・0

総合評価：A＝総合点9点以上
B＝総合点5～8点
C＝総合点4点以下

試 験 官：ALTまたはJTE

場　　所：別室または廊下

問 題 例：次のように第1問から難易度を上げて質問していく。

［第1問］月，曜日，数，季節などIt's the day after Sunday.のように説明できるもの。

［第2問］It's the opposite of "up." のように説明できるもの。

［第3問］動物またはIt's the same color as the sky.のように説明できるもの。

［第4問］スポーツ，食べ物など比較的説明しやすいもの。

［第5問以降］説明するのに難しいもの。

他の留意点：説明が不十分な場合は，"And?" とさらに説明するよう要求する。被験者が "Skip" と言ったり，沈黙が続いたりした場合は次の問題に移る。

事後指導：評価Cの生徒に対し，第1問～第3問がクリアできるように指導を行う。

10 ３年３学期の実践例

(コミュニケーション・タイム)

◎最後のスピーチ◎

3年生の3学期はこれまで行った指導の集大成となる学期です。高校受験を考慮しながらも，コミュニケーション活動をぜひとも取り入れたい学期です。これまで学期に1回はスピーチ活動を行ってきたので，今までの経験を活かし，まとまった内容を述べるスピーチを行わせます。スピーチ活動はこれまでにも紹介したように，スピーチだけ行って終わりというのではもったいない活動です。各スピーチ発表のあとに何か活動を行うことで何倍にも「聞くこと」「話すこと」の能力を伸ばすことができます。「最後のスピーチ」では，各スピーチのあとに内容に関する感想，意見，または自分の経験などを聞き手に述べさせる活動を取り入れます。この活動を取り入れることで，自分の意見と比較しながらスピーチを聞くようになります。他人の話を聞いて，意見や感想を述べられるように指導していくことはとても大切なことです。

〈題　名〉

最後のスピーチ

〈内　容〉

自由テーマ（例：「3年間で一番うれしかったこと」「バドミントン部」）

〈条　件〉

100語以上の原稿を作成する。発表の際はメモや原稿を見ながら行っても良い。ただし，聞き手と eye contact を取りながら行う。

〈方　法〉

1日4名ずつ行う。（順番は表にして教室に掲示する）個々のスピーチのあとで聞き手2名を指名し，スピーチの内容について意見や感想を即興で述べさせる。

〈指導手順〉

(1) スピーチについて説明します。また，スピーチを行う順番表を教室に掲示します。

(2) 次のページのワークシート（資料1）を配付し，原稿指導を行います。希望する生徒のみ原稿の添削をするようにします。友達同士で読み合いをさせて，わかりにくいところや文法や綴りなどの誤りを指摘させ合うのも効果的な活動となります。

（資料 1） ワークシート

Enjoy English —「最後のスピーチ」の原稿を書こう— **〈良いスピーチ原稿を書くために〉** ・英語で書こう。そのために，マッピングなどの手法を活用しよう。 ・なるべく１つの話題に統一して書こう。 ・友達が聞いてわかる単語や文で書こう。 ・はじめに何について話すのか述べると，聞き手はわかりやすい。 ・最後にスピーチが終わったことを表す言葉を用いる。 **〈書き始める前に〉** ① あなたの興味のある話題は？　自分が興味のないことは書けない。 ② そのことについて何を調べたら良いか。その内容についての知識がなければ書けない。 ③ どんなことが言いたいのか箇条書きで書いてみよう。 最初に　→ 次に　　→ その次に→ 最後に　→

(3) スピーチ発表を行う前に意見，感想，経験を述べる決まり文句の指導を行います。次の資料を配付して，指導を行います。

（資料 2）

【全般的な感想を言う】→これはなるべく使わない。 ・His speech was great (good), because ～. ・His speech was not so good, because ～. **【意見や感想を述べる】**→これがおすすめ。 (1) **同意**　・I (don't) agree that ～.「～のことについて同意する（しない）」 　　　　・I (don't) agree with you.「あなたと同じ意見です（意見ではありません）」 (2) 自分の意見や感想 ・Let me tell you my opinion (experience).「私の意見（経験）を言わせてください」 ・He said, "__________," but ～.　　・I think that ～. ・In my opinion, ～.「私の意見では～です」 ちょっと控え目に述べるとき ・I suppose that ～.「～だと思います」 ・I'm not sure, but I guess ～.「自信はありませんが，～だと思います」 (3) ちょっと使える表現 First of all「はじめに」　Secondly「2 番目に」　By the way「ところで」 ★一番大切なのは，自分の意見を伝えようとする意欲です。

〈評　価〉

話し手に対する評価（表現の能力）

ア　内容・情報量（語数）　5点

イ　態度（聞き手を見回す，姿勢）　2点

ウ　音声（スピード，発音，明瞭さ）　3点

〈総合評価〉
A＝8点以上
B＝5～7点
C＝0～4点

聞き手の意見や感想に対する評価

（コミュニケーションへの関心・意欲・態度）

A＝できるだけ多くの（3文以上で）意見や感想を述べようとしていた。

B＝何とか意見や感想を述べようとしていたが，不十分であった。

C＝意見や感想を述べようとする態度が，あまり見られなかった。

（イベント活動）

◎10分間ディベート◎

中学校最後のイベント活動として「10分間ディベート」を行います。この活動は事前にチームを組み，論題について話す内容を事前に準備し，本番のディベートに臨みます。司会（moderator）はALT（またはJTE）が行います。生徒が述べた意見が文法的な誤りのある伝わりにくい英語だったとしても，司会である教師がそれを言い直すことで相手チームや聞き手が内容を理解できるようになります。生徒からすれば，「文法的に少しくらい間違っていても，とにかく自分の意見を話せば先生がなんとかしてくれる」という気持ちがもてるので，意見が活発に出るようになります。

このディベートは正式なものではありません。勝ち負けのジャッジは行わず，次のような方式で生徒全員を巻き込みながら行います。

① それぞれの立場に立った意見を1人が1つずつ述べる。（両チーム）

② 相手が述べた意見について反対意見を述べる。

③ 自由に賛成意見や反対意見を述べ合う。

④ 10分間のディベートのあと，数名の聞き手を指名し，ディベートを聞いて自分が思ったこと（誰の意見が良かったか，自分の意見，など）を発表させる。

〈活動の手順〉

(1) ディベートについて説明し，「ディベート希望調査用紙」（資料3）を配付し，自分の希望する順に1～4の番号をつけさせます。1チームあたりの人数を5名にするので，1クラス30名の生徒数である場合，3つのトピック（3トピック×2チーム＝6チーム）が必要です。

(2) 教師が，回収した調査用紙に書かれた生徒の希望順位からチーム分けを行います。「決定」欄に○をつけ，調査用紙を生徒に返します。チーム分けを行う際は，核となる生徒を各チームに1人以上入れるようにします。

（資料３）ディベート希望調査用紙

ディベート希望調査用紙

３年＿＿組＿＿番　氏名＿＿＿＿＿＿＿＿

トピック	論　　題	希望順位	決　定
結　婚	We should get married at a young age. （若いうちに結婚すべきだ）		
	We should get married in our 30's. （30歳代で結婚すべきだ）		
男　女	Life is better for men. （人生は男性のほうが良い）		
	Life is better for women. （人生は女性のほうが良い）		
住　居	Tokyo is the best place to live in. （東京は住むには一番良い）		
	Iwate is the best place to live in. （岩手は住むには一番良い） ※修学旅行で岩手県を訪れたので。		

(3) 次のワークシート（資料４）を配付し，ディスカッションの準備を行わせます。

TASK 1 は各生徒で考えさせます。「３つ以上考えよう」と具体的な数字を目標として与えるほうが，「できるだけ考えよう」と指示を出すよりしっかりと活動に取り組むようです。

TASK 2 では，個人で考えた理由をグループに持ち寄り，グループで５つ以上の理由を考えさせます。グループの人数が５人なので，１人が１つの意見を述べる機会をもたせるためです。グループで協力し合って最初に述べる意見を英語で言えるようにします。

TASK 3 では，相手が述べることを予想させ，それに対する反論をグループで考えさせます。ワークシートでは３つ以上となっていますが，「この反論をできるだけ多く準備すればするほど相手チームに対して優位に立てる」と言って競争心をかき立てます。

TASK 4 では，自分の意見への相手チームの反論に対して，自分の意見をサポートするための準備をさせておきます。

（資料４）ワークシート

Enjoy English —ディベートに向けて準備をしよう—

準備が万全なら発言も多くできるし，相手の意見にも反論できるよ！

TASK 1　あなたの立場に立った理由を３つ以上考えよう。（英語でも日本語でも可）

・

・

・

TASK 2　最初に述べる意見を英語で書いて，グループで分担しよう。
（グループ毎に５つ以上の意見を考え，１人１つ以上を分担すること）

あなたが述べる意見：

TASK 3　相手が言いそうな意見を３つ以上予想し，その反論を英語で考えよう。

①　相手が言いそうな意見（日本語でも可）

それに対する反論（英語）

②　相手が言いそうな意見（日本語でも可）

それに対する反論（英語）

③　相手が言いそうな意見（日本語でも可）

それに対する反論（英語）

TASK 4　自分の意見に対する反論を予想し，自分の意見をサポートする意見を英語で書いておこう。

①　自分の意見に対して考えられる反論（日本語）

それに対するサポート意見（英語）

②　自分の意見に対して考えられる反論（日本語）

それに対するサポート意見（英語）

(4) ディベート本番の設定は，ALT との TT の回数にもよりますが，2～3の授業に分けて行うほうが，回を追うごとに生徒の意見が活発になっていきます。

教室内の机を少し後ろに下げ，下図のように両チームが斜めに向かい合うようにいすを配置します。こうすると聞き手からも両チームがよく見えるようになります。

ディベートではマイクを使用します。チーム同士の距離が短いので，どうしても声が小さくなりがちだからです。

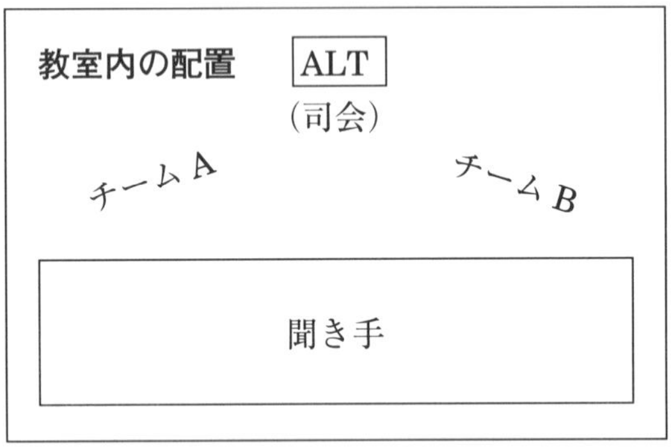

(5) 各ディベートのあとで，聞き手数名に感想や意見を即興で述べさせます。聞き手はディベート中に自分が特に賛成や反対と思う意見をメモし，これまでレポーティングやさまざまな活動で学習したことを活かしながら意見を述べようとします。

ディベート時間が10分間というのには理由があります。最初の意見や反論は事前に準備しているので，はじめの何分間かはこの準備したことの応酬となります。しかし，しばらくすると準備したことを出し尽くしてしまうので，即興で意見を述べなくてはならなくなります。この時間が長すぎると意見が出なくなり，終了する頃にはしらけてしまう恐れがあります。10分間という設定ならば，ディベートが盛り上がっているときに終了することが多いので，生

徒に達成感が生まれます。

授業アイディア

◎アンケート調査からわかる　おもしろくて役立つ学習や活動◎

3年生が卒業する直前に，次のアンケート調査をお願いしています。

① 3年間で行った主な学習活動やコミュニケーション活動（約50項目）のそれぞれに「おもしろ度」「役に立った度」の2つの観点で，5段階の評定をつけてもらう。

② 「聞く力」「話す力」「読む力」「書く力」「単語を理解できる力」「文法力」など11項目を設定し，力がどの程度つき，どんな学習や活動が有効であったか書いてもらう。

③ 授業に対する感想，意見，アドバイスなどを記述式で書いてもらう。

④ その他，私が生徒から知りたい情報（例：和訳をほとんど行わなかったがこのことについてどう思うか）を記述式や多肢選択式で回答してもらう。

このアンケート調査を行うことで，自分の指導について反省する良い機会を持つことができ，次の学年を指導する際の参考にもなります。ここ数年，3年間通して担当していな

いので，前任校で3年間通して指導し，2000年に卒業させた生徒のアンケート調査の結果（前ページの項目の①のみ）を紹介します。

なお，表の中の「学年」とはその項目を主に指導した学年を，「ポイント」とは生徒のつけた5段階評定の平均値を表します。

〈アンケート調査結果1〉「おもしろ度」ベスト20

順位	項　目	学　年	ポイント
1	Explanation Game	3	4.371
2	a a apple の歌のビデオ（『はじめての英語入門』TDK コア）	1	3.778
3	ビンゴ・ゲーム	1 2 3	3.743
4	ダイアログ・ゲーム（Dialog Game）	1 2 3	3.721
5	先生がなるべく英語で授業を行ったこと	1 2 3	3.700
6	各種インタビューゲーム	1 2 3	3.657
7	教科書準拠のレーザーディスクを見る（東京書籍版）	1 2 3	3.600
8	ＬＬを使ったインタビュー活動	1 2 3	3.588
9	One Minute Chat	1 2 3	3.543
10	プレゼンテーション「30秒コマーシャル」	3	3.457
11	Chat & Report	2 3	3.443
12	スピーチ「My ～」マッピングを用いた原稿作成	3	3.414
13	Phonics のビデオ（『ビデオでフォニックス』松香フォニックス）	1	3.397
14	Oxford Picture Dictionary の学習	2 3	3.386
15	ディベート	2 3	3.377
16	スピーチ「修学旅行」	3	3.286
16	隣同士で異なる絵を見て，共通点や相違点を見つける活動	1 2 3	3.286
18	創作スキット（自由課題）	1 2	3.284
19	スキット「ハンバーガーショップ」	1	3.258
20	ＬＬを用いた音読指導	1 2 3	3.257

〈アンケート調査結果2〉「役に立った度」ベスト20

順位	項　目	学　年	ポイント
1	先生がなるべく英語で授業を行ったこと	1 2 3	4.471
2	各課ごとの単語テスト	2 3	4.457
3	スペリング・コンテスト（満点獲得者には英語の賞状を出した）	1	4.439
4	センテンス・テスト（文を暗記して書くテスト）	1 2 3	4.377

5	Explanation Game	3	4.314
6	文法中心のワークブック（『3年間の総整理問題集』正進社）	3	4.300
7	ワークブックの学習（教科書準拠ワークブック）	1 2 3	4.171
8	スピーチ「My ～」マッピングを用いた原稿作成	3	4.114
9	音の聞き取り訓練（hot or hat のような minimal pair）	1 2	4.104
10	辞書指導（『Inside the Dictionaries 英語辞書活用ノート』数研出版）	3	4.100
10	先生のあとについて音読する（Chorus reading）	1 2 3	4.100
12	One Minute Chat	1 2 3	4.071
13	単元テスト	1 2 3	4.058
14	スピーチ「最後のスピーチ」	3	4.043
15	フォニックスのルール説明	1	4.032
16	教科書を暗記して発表する（Recitation）	1 2 3	3.986
17	ディベート	2 3	3.913
18	各自で音読練習を行う（Buzz reading）	1 2 3	3.886
19	スピーチ「10文自己紹介」	1	3.879
20	a a apple の歌のビデオ（『はじめての英語入門』TDK コア）	1	3.873

（注）このアンケート調査は3年前に行ったものなので，ここ3年間で開発し，本書で紹介しているいくつかの活動（「Explanation Game 1」「TT で行うレポーティング活動」「TT で行うミニ・ディベート体験」「理由を述べる活動（無人島編）」）は入っていません。

本書の「学期ごとの実践例」では主にコミュニケーション活動を紹介しました。しかし，生徒にとって「役に立った」と思う項目では，「各課ごとの単語テスト」「スペリング・コンテスト」「センテンス・テスト」「文法中心のワークブック」「ワークブックの学習」が上位を占めています。コミュニケーション活動を行うためには十分なドリル活動が必要です。語い力（単語を書く力）をつけさせるには，頻繁に単語テストを行う必要があります。これらの指導がなければ生徒の力はつけられません。しかし，ドリル活動，ワークブック，文法の学習ばかりでも生徒の力はつけられません。コミュニケーション活動を行い，その中で既習表現を使わせることで生徒の英語力はぐんぐんと伸びていきます。

「スキットは嫌い，でもディベートは好き」と言う生徒もいれば，「私は One Minute Chat で話す力が伸びた」「私はスピーチで話す力が伸びた」と言う生徒もいます。3年間でさまざまな活動を行い，さまざまなアプローチを行い，さまざまな内容を指導することで，多くの生徒の力を伸ばすことができるのだと私は思います。

最後に，「おもしろ度」に「役に立った度」を加えた「おもしろくて役に立った度」の結果を紹介します。ポイントは10ポイント（5ポイント＋5ポイント）となっています。

〈アンケート調査結果3〉「おもしろくて役に立った度」ベスト20

順位	項　　目	学　年	ポイント
1	Explanation Game	3	8.685
2	先生がなるべく英語で授業を行ったこと	1　2　3	8.171
3	a a apple の歌のビデオ（『はじめての英語入門』TDK コア）	1	7.651
4	One Minute Chat	1　2　3	7.614
5	スピーチ「My ～」マッピングを用いた原稿作成	3	7.528
6	音の聞き取り訓練（hot or hat のような minimal pair）	1　2	7.328
7	ディベート	2　3	7.290
8	Chat & Report	2　3	7.286
9	スピーチ「最後のスピーチ」	3	7.272
10	フォニックスのルール説明	1	7.222
11	ビンゴ・ゲーム	1　2　3	7.143
11	各課ごとの単語テスト	2　3	7.143
13	ＬＬを使ったインタビュー活動	1　2　3	7.117
14	辞書指導（『Inside the Dictionaries 英語辞書活用ノート』数研出版）	3	7.114
15	ＬＬを用いた音読指導	1　2　3	7.083
16	プレゼンテーション「30秒コマーシャル」	3	7.057
17	スピーチ「修学旅行」	3	7.043
18	ダイアログ・ゲーム（Dialog Game）	1　2　3	7.030
19	先生のあとについて音読する（Chorus reading）	1　2　3	6.943
20	スピーチ「10年後の私」	2	6.941

いつもは「先生がなるべく英語で授業を行ったこと」がトップにくるのですが，この学年の場合は Explanation Game の印象が強かったようです。この上位2位の項目について，生徒がどのような評定をつけたのかを紹介します。表の中の数は，その評定をつけた生徒の人数を表します。

〈Explanation Game〉

評　　定	5	4	3	2	1
おもしろ度	41	19	7	1	2
役に立った度	34	26	9	1	1

〈英語で授業を行ったこと〉

評　　定	5	4	3	2	1
おもしろ度	20	19	24	4	3
役に立った度	43	21	3	2	1

「先生がなるべく英語で授業を行ったこと」に対する生徒の評価はかなり高く，「役に立った度」では，約60%の生徒が「5」の評定をつけています。やはり英語で授業を行うことが授業の基本と言えます。この調査では「何に対して役に立ったのか」「どうしておもしろいと感じたのか」という調査まではしていませんが，生徒がおもしろく役に立つと感じている学習や活動はこれからも行っていくつもりです。

《評価実践例》

◎意見や理由を書かせるテスト◎

読んだり聞いたりしたことについて自分の意見や感想を書かせるテストを，3年次後半の定期テストには取り入れています。

評価規準：英文を読んで，その感想や自分の意見を読み手に伝わるように書くことができる。

内　　容：既習の英文を読み，それについての感想や自分の意見を70語以上で書く。

評価基準：10点満点で次の評価項目と基準で得点をつける。

ア　内容および語数（8点）

8 =70語以上で，内容に満足できる。
6 =70語以上だが，内容にやや不満がある。60語以上で，内容に満足できる。
4 =40語以上で，内容にほぼ満足できる。
2 =自分の感想が1つ書いてある。
0 =自分の感想を述べていない。

イ　文法（2点）

2 =スペリングミスや文法の誤りが少し見られるが，読むのに支障は感じない。
1 =スペリングミスや文法の誤りが見られ，読む際に少し支障を感じる。
0 =スペリングミスや文法の誤りが多い。

題　　材：“Rejoice” 大江光氏の物語（平成9年度版 New Horizon English Course 3より）

（資料5）生徒の作文例

I think that many handicapped people can not
work at all. but, I read it I understand
handicapped people can work.
I think Hikari's family is very good. I think
it is very hard for Hikari to write music,
because it is very difficult for me to write music.
I have never heard Hikari's music, I want
to heard Lullaby of June. It must be sweet
melody. I think music is very important
to understand each other and I have to help
handicapped people.

参考文献

第Ⅰ部

◎国立教育政策研究所（2002）
『評価規準の作成，評価方法の工夫改善のための参考資料（中学校）－評価規準，評価方法等の研究開発（報告）』
◎荒木秀二［編］（2002）
『中学校英語科の到達度評価』 明治図書
◎北尾倫彦，長瀬荘一［編集］（2002）
『観点別学習状況の新評価基準表』
図書文化
◎松浦伸和（2002）
「絶対評価の導入に向けて」**『Step 英語情報』**（1・2月号～7・8月号）
財団法人日本英語検定協会
◎平田和人（2002）
「絶対評価の観点からのテスト問題診断」**『Step 英語情報』**（9・10月号）
財団法人日本英語検定協会
◎東京都中英研調査部（1998～2002）
『英語学力調査結果報告書』
◎根岸雅史［監修］（2003）
『観点別評価　英語』 正進社
◎靜哲人（2002）
『英語テスト作成の達人マニュアル』
大修館書店
◎根岸雅史（1993）
『英語教師の四十八手　テストの作り方』
◎ J.D.ブラウン［著］，和田稔［訳］（1999）
『言語テストの基礎知識』 大修館書店
◎J.B.ヒートン［著］，土屋澄男・齋藤誠毅［監修］
『コミュニカティブテスティング』 研究社

第Ⅱ部

◎伊藤健三・伊藤元雄・下村勇三郎・渡辺益好（1985）
『実践英語科教育法』 リーベル出版
◎ELEC 同友会実践研究部会［企画・監修］（2001）
『Active Speech』 TDK コア株式会社
◎ ELEC 同友会実践研究部会（1997）
『中・高連携を考えた辞書指導のためのワークシート集』
◎本多敏幸［著］　伊東治巳［編著］
「第3章　リスニングの指導(2)」
『コミュニケーションのための4技能の指導』 教育出版
◎柳井智彦［編著］（2003）
『英語の到達度評価－テスト例と苦手な生徒への指導ポイント』 明治図書
◎山岸勝榮［監修］，ELEC 同友会実践研究部会［著］
『Inside the Dictionaries 英語辞書活用ノート』 数研出版
◎長勝彦［編著］（1997）
『英語教師の知恵袋』 開隆堂
◎語学教育研究所（2001～2002）
「指導手順再検討」**『英語教育』**（2001年4月号～2002年12月号） 大修館書店
◎茨山良夫・大下邦幸［編著］（1992）
『英語授業のコミュニケーション活動』
東京書籍
◎松香洋子・宮清子［著］（2001）
『Active Phonics』
松香フォニックス研究所・正進社

◎東京都立教育研究所（1997）
『英語の理解力を高める指導と評価－「読むこと」の力を伸ばす指導法の改善－』
◎東京都立教育研究所（1997）
「私が推薦する授業の達人」**『教育じほう』**（11月号）
◎教育出版株式会社（2002）
『One World English Course Teacher's Manual 指導編』
◎ ELEC 同友会実践研究部会（2001）
「中・高連携を考えたコミュニケーション活動」**『ELEC 同友会第7回英語教育研究大会要項』**
◎本多敏幸（2001）
「スピーキングの力を付ける指導」**『Step 英語情報』**（1・2月号）
財団法人日本英語検定協会
◎本多敏幸（1997）
「雰囲気の悪くなったクラスの立て直し方」**『英語教育』**（9月号）
大修館書店
◎本多敏幸（2003）
「新高1は何を学んでくるか」
『英語教育』（3月号）
大修館書店
◎本多敏幸（1997）
「新文型をどのように練習し，使えるように導くか？」**『楽しい英語授業 Vol. 12』**
明治図書

ワークシート中に使用しているイラスト

◎現代デザイン研究所［制作］
『新・すぐに使えるカット辞典』
株式会社ポプラ社
◎教育出版
『One World English Course Teacher's Manual　活動編』

「都中英研　英語コミュニケーションテスト（2年生・3年生）」は，財団法人語学教育研究所『2000年度外国語教育研究奨励賞』を受賞した信頼の高いテストです。このテストは，東京都以外の学校（国・公・私立）でも受験することができます。お問い合わせは下記までお願いします。

本多敏幸
メールアドレス：
ZUK11064@nifty.com

著者略歴

本多敏幸（ほんだとしゆき）

1959年東京都生まれ。武蔵大学卒業。東京学芸大学大学院教育学研究科英語教育専攻修士課程修了。千代田区立九段中等教育学校主任教諭。ELEC同友会英語教育学会事務局長，ELEC同友会英語教育学会実践研究部会部長，英語授業研究学会理事，都中英研調査部副部長。

主な著書に，『若手英語教師のためのよい授業をつくる30章』（単著，教育出版），『入試英語力を鍛える！　授業アイデア＆パワーアップワーク40』（単著，明治図書），『英語力がぐんぐん伸びる！　コミュニケーション・タイム――13の帯活動＆ワークシート』（単著，明治図書），『本多式中学英語マスター　短文英単語』（単著，文藝春秋），『本多式中学英語マスター　速読長文』（単著，文藝春秋），『本多式マスター　反復基礎』（単著，文藝春秋），『中学生からの勉強法』（共著，文藝春秋），『中学校・高校　段階的スピーキング活動42』（共著，三省堂），『One World English Course』（共著，教育出版），『Inside the Dictionaries――英語辞書活用ノート』（共著，数研出版），『オーロラ英和辞典』（共著，旺文社）などがある。

東京都教育委員会，東京教師道場，ELEC同友会英語教育学会，英語授業研究学会などで，教員研修プログラムや研究会の運営・講師等を多数行っている。平成19年度に文部科学大臣優秀教員表彰を受ける。

本書が財団法人語学教育研究所「2003年度外国語教育研究奨励賞」を，『若手英語教師のためのよい授業をつくる30章』が「2011年度外国語教育研究賞」を受賞。

『本多敏幸　英語教育ルーム』のホームページ
http://homepage3.nifty.com/toshiyuki-honda/

中学校英語科
到達目標に向けての指導と評価

2003年4月10日　初版第1刷発行
2012年2月8日　初版第5刷発行

著　者　本多敏幸
発行者　小林一光
発行所　教育出版株式会社
〒101-0051　東京都千代田区神田神保町2-10
電話（03）3238-6965　振替 00190-1-107340

DTP　心容社
印刷　テンプリント
製本　上島製本

ISBN 978-4-316-80053-0 C3037